# स्वामी विवेकानंद से सीखें लीडरशिप के गुरुमंत्र

# स्वामी विवेकानंद से सीखें लीडरशिप के गुरुमंत्र

कुँवर कनक सिंह राव

प्रभात पेपरबैक्स
www.prabhatbooks.com

*प्रकाशक*
**प्रभात पेपरबैक्स**
**प्रभात प्रकाशन प्रा. लि.** का उपक्रम
4/19 आसफ अली रोड, नई दिल्ली-110002
फोन : 23289777 • हेल्पलाइन नं. : 7827007777
इ-मेल : prabhatbooks@gmail.com ❖ वेब ठिकाना : www.prabhatbooks.com

*संस्करण*
2026



*मूल्य*
तीन सौ रुपए

*मुद्रक*
आर-टेक ऑफसेट प्रिंटर्स, दिल्ली

———— ★ ————

**SWAMI VIVEKANANDA SE SEEKHEN**
**LEADERSHIP KE GURUMANTRA**
*by* Shri Kunwar Kanak Singh Rao

Published by **PRABHAT PAPERBACKS**
An imprint of Prabhat Prakashan Pvt. Ltd.
4/19 Asaf Ali Road, New Delhi-110002

ISBN 978-93-5521-306-8

₹ 300.00

# अपनी बात

स्वामी विवेकानंद का समय सन् 1857 की नाकाम क्रांति के बाद का अँधेरा दौर है। अंग्रेजों की देश पर पकड़ मजबूत हो चुकी थी और भारत को लूटने का उनका अभियान पूरे जोरों पर था। देश में गरीबी, पस्ती और पराजय का माहौल था। ऐसे में भारतीयों में यह धारणा मजबूत हो रही थी कि अंग्रेज और उनकी संस्कृति श्रेष्ठ है, इसलिए वे राज कर रहे हैं। अंग्रेज अधिकारी और ईसाई मिशनरी लोगों को यह बता रहे थे कि भारतीय परंपरागत ज्ञान और धर्म में कोई सार नहीं है, बल्कि हिंदू धर्म में जो कुछ अच्छा है, वह ईसाइयत के प्रभाव से आया है। मसलन गीता इसलिए श्रेष्ठ है कि संभवत: कृष्ण ईसा से प्रभावित थे।

कई भारतीयों पर खासकर बंगाल में अंग्रेजी राज और पश्चिमी विचार का गहरा प्रभाव पड़ा। काफी बड़ी तादाद में पढ़े-लिखे लोग ईसाई होने लगे। ईसाइयत का प्रभाव ब्रह्म समाज जैसे संगठनों में भी देखने में आता है। दूसरी ओर अंग्रेजों ने सामाजिक अशांति से बचने का एक तरीका यह सोचा कि जहाँ तक हो सके, धार्मिक भावनाओं को छेड़ा न जाए। उन्होंने सोचा कि जैसे ईसाइयत में चर्च के पास सारे धार्मिक अधिकार होते हैं, वैसे ही यहाँ के लोगों में भी पुरोहित वर्ग की स्थिति होगी, इसलिए उन्होंने पुरातनपंथी ब्राह्मणों को हिंदू धर्म के आचार-विचारों पर धर्म-निर्णय करने के लिए कहा। बिना यह समझे कि भारत में हर इलाके, जाति और समूह के अलग-अलग आचार-विचार हैं। ब्राह्मणों ने एक अत्यंत शुद्धतावादी और पुरातनपंथी आचारसंहिता को हिंदू धर्म की प्रामाणिक आचारसंहिता कहकर प्रस्तुत किया, जिसे अंग्रेजों ने स्वीकार कर लिया।

ऐसे में बंगाल की धरती पर रामकृष्ण परमहंस का अवतरण हुआ। रामकृष्ण की अंतर्दृष्टि समाज और उसकी समस्याओं को पढ़े-लिखे लोगों से ज्यादा गहराई से देखती थी। वे जानते थे कि समाज को एक ऐसे धर्मविचार की जरूरत है, जो अपनी परंपरा के प्रति आस्था जगाए और साथ में नए जमाने में भी प्रासंगिक हो। जो उदार, मानवीय हो और धर्म के आडंबर के बजाय उसके मर्म तक पहुँचाए। तभी भारतीय समाज अपनी जड़ता और पराजय की मानसिकता से बाहर आ सकता है। भारतीय समाज को सिर्फ प्रवचनों की नहीं, उसके घावों पर पट्टी बाँधने के ठोस काम की भी जरूरत थी।

रामकृष्ण यह भी जानते थे कि यह काम वे नहीं कर सकते, न उनकी उम्र साथ दे सकती थी, न ही वे अंग्रेजी पढ़े-लिखों के साथ संवाद कर सकते थे। इसलिए उन्होंने कुछ समर्पित नौजवानों को चुना और उन्हें प्रेरित किया। इन नौजवानों का नेतृत्व विवेकानंद कर रहे थे। विवेकानंद के सामने चुनौती बड़ी थी। उन्हें हिंदू धर्म की एक प्रगतिशील, उदार और आधुनिक व्याख्या करनी थी। साथ ही दुनिया और अपने देश को बताना था कि यह परंपरा कितनी गौरवशाली है। इसके साथ समाज की सेवा करने के लिए एक संगठन भी बनाना था और इस सबके लिए ज्यादा वक्त नहीं था। यह सब अभी करना था।

विवेकानंद को बहुत कम उम्र मिली। कुल 39 वर्ष। वे देखने में बहुत मजबूत कद-काठी के लगते थे, लेकिन जीवन के कष्टों ने उनके शरीर को जर्जर कर दिया था। उन्हें कम उम्र में ही मधुमेह हो गया, जिसने उनके गुर्दे खराब कर दिए थे। उन्हें साँस की भी बीमारी थी। इन्हीं बीमारियों ने उनकी असमय जान ली। बीमारियाँ, आर्थिक अभाव, उपेक्षा और अपमान झेलते हुए वे लगातार गुरु की आज्ञा का पालन करते हुए अथक मेहनत करते रहे।

एक ओर विवेकानंद को भारतीयों के गौरव और आत्मविश्वास को जगाना था, दूसरी ओर भारतीय समाज को उसकी कमजोरियों और जड़ताओं से भी निकालना था और यह सब लगातार यात्राएँ करते हुए और लोगों को संगठित करते हुए करना था। इसलिए स्वाभाविक है कि उनके लेखन में कई अंतर्विरोध दिखते हैं, जिनका चुनिंदा इस्तेमाल करते हुए उनके समर्थक और विरोधी दोनों उन्हें संकीर्ण हिंदुत्व का आदिपुरुष साबित करते हैं। ये अंतर्विरोध उनकी

परिस्थितियों के संदर्भ में समझे जा सकते हैं। समग्र रूप से देखने पर विवेकानंद उस उदार, प्रगतिशील धार्मिक दृष्टि के आविष्कारक थे, जिसने आधुनिक समय में हिंदू धर्म को प्रासंगिक बनाया। जिस राह को आगे गांधी और विनोबा ने प्रशस्त किया और जिसने भारत को एक धर्मनिरपेक्ष राष्ट्र बनाया, वह राह विवेकानंद ने खोली थी और इसके लिए हमें उनका ऋणी होना चाहिए।

स्वामी विवेकानंदजी का संपूर्ण जीवन ही प्रेरणादायक और नेतृत्व के ओजस्वी गुणों से ओतप्रोत है। उन्होंने सिंह गर्जना की—उठो, जागो और तब तक मत रुको, जब तक लक्ष्य प्राप्त न हो जाए।

हम अपनी जिंदगी में बहुत-कुछ हासिल करना चाहते हैं, अपने सपनों को पूरा करना चाहते हैं, पर क्या हम इसके लिए पुख्ता तैयारी भी करते हैं? इस कथन में हमारे लिए बहुत बड़ा संदेश है—सफलता हासिल करने के लिए लक्ष्य निर्धारण बहुत जरूरी है। एक बार लक्ष्य निर्धारित करने के बाद बिना थके और बिना रुके निरंतर आगे बढ़ते रहकर ही मंजिल पाई जा सकती है। हम वो हैं, जो हमें हमारी सोच ने बनाया है, इसलिए इस बात का ध्यान रखिए कि आप क्या सोचते हैं। शब्द गौण हैं, विचार रहते हैं, वे दूर तक यात्रा करते हैं। जिंदगी में हमारी सोच बहुत ही मायने रखती है और इसी के अनुसार हम घटनाओं और चीजों को देखते हैं।

हम अपने बारे में और अपने आसपास के लोगों के बारे में जैसे विचार रखते हैं, वैसा ही व्यवहार भी करते हैं। हमारी सकारात्मक सोच ही हमारी जिंदगी को बेहतर बना सकती है। एक विचार लो, उस विचार को अपना जीवन बना लो—उसके बारे में सोचो, उसके सपने देखो, उस विचार को जियो। अपने मस्तिष्क, मांसपेशियों, नसों, शरीर के हर हिस्से को उस विचार में डूब जाने दो और बाकी सभी विचारों को किनारे रख दो। यही सफल होने का तरीका है।

सफलता का सबसे बड़ा रहस्य है—किसी एक विचार या किसी एक लक्ष्य को पाने के लिए जी-जान से जुट जाना। हम अपने विचारों पर नियंत्रण नहीं रख पाते और इसलिए किसी चीज पर स्पष्ट ध्यान भी केंद्रित नहीं कर पाते। जिंदगी में सफल होने के लिए आवश्यक है कि हम प्राथमिकताएँ तय करें और अपने

सबसे बड़े लक्ष्य को हासिल करने के लिए हर वह अच्छा काम करें, जो हमने अभी तक नहीं किया है।

अगर हम रास्ते में आनेवाली कठिनाइयों के कारण बार-बार अपनी मंजिल ही बदलते रहे तो शायद कभी सफल ही नहीं हो पाएँगे। जिंदगी में बड़ी सफलता प्राप्त करने के लिए आपको किसी एक ही चीज में पारंगत होना है और बाकी चीजों को कुछ समय के लिए किनारे रख देना है। जिंदगी में कई मौके ऐसे भी आते हैं, जब हम तय नहीं कर पाते कि क्या निर्णय लिया जाए और क्या नहीं। हमारा दिमाग तर्कों के आधार पर सही या गलत का फैसला लेने की कोशिश करता है, जबकि हमारा दिल भावनाओं की कसौटी पर चीजों को परखता है।

जब आपका दिल और दिमाग आपको दुविधा में डाल रहा है और आप सही निर्णय नहीं ले पा रहे हैं तो आपको अपने दिल की आवाज सुननी चाहिए। किसी दिन, जब आपके सामने समस्या न आए तो आप सुनिश्चित हो सकते हैं कि आप गलत मार्ग पर चल रहे हैं। अगर किसी दिन आपको कोई मुश्किल ही नहीं आ रही है तो समझ जाइए कि आप या तो अपने काम को ठीक ढंग से नहीं कर रहे हैं, कुछ-न-कुछ गलत कर रहे हैं या कम से ही संतुष्ट हो रहे हैं, जबकि असली सफलता तभी है, जब हम हर दिन अपना सर्वश्रेष्ठ देने की कोशिश करें।

जो आप सोचते हैं, वह आप हो जाएँगे। यदि आप खुद को कमजोर समझते हैं तो कमजोर हो जाएँगे। अगर खुद को ताकतवर समझते हैं तो ताकतवर हो जाएँगे। अगर आपने सोच लिया कि आप काबिल नहीं हैं तो आप वाकई में कोई काम नहीं कर पाएँगे, क्योंकि आप नकारात्मक चीजों और कमजोरियों पर ध्यान दे रहे हैं। अगर आपने सोच लिया कि आप कर सकते हैं और आपको किसी भी हाल में करना ही है तो आपका आत्मविश्वास बढ़ जाएगा और आप कुछ-न-कुछ रास्ता निकाल ही लेंगे।

हम खुद को दूसरों की तुलना में कमजोर समझकर दुनिया की सबसे बड़ी गलती करते हैं। हर इनसान में कोई-न-कोई विशेष गुण या योग्यता होती ही है और हमें उसी को अपनी ताकत बनाना है। अगर आप जीत जाते हैं तो आप नेतृत्व कर सकते हैं। अगर आप हार जाते हैं तो आप मार्गदर्शन कर सकते हैं। क्या बिना जोखिम लिये नाम, दौलत और शोहरत हासिल की जा सकती है ? सफलता की

कहानियों में असफलताओं की कहानियाँ भी छुपी हुई हैं। अगर आप सफल हो जाते हैं तो लोगों का, समाज का और देश का नेतृत्व कर सकते हैं, ताकि सब सही दिशा में आगे बढ़ें। अगर आप असफल हो जाते हैं तो लोगों को गलतियों से बचने की सीख दे सकते हैं।

हालात कभी बेहतर नहीं होते; वे जैसे के जैसे ही रहते हैं। वह हम हैं, जो अपने आपको बेहतर बनाते हैं, अपने स्वयं के अंदर बदलाव लाकर। जिंदगी में कुछ भी स्थिर नहीं है। रिश्ते बदलते रहते हैं, हालात बदलते रहते हैं, समय बदलता रहता है और लोग भी बदलते रहते हैं। हम या तो हालातों से घबराकर अपने कदम पीछे खींच सकते हैं या संघर्ष करके सफलता की नई इबारत लिख सकते हैं। हमें खुद को बदलने का निर्णय, खुद को बेहतर बनाने का निर्णय लेना होगा, क्योंकि समय या हालात कभी भी अपने आप नहीं बदलते।

सहज नेतृत्व सिखाने और पिरोनेवाली प्रेरक पुस्तक।

**—कुँवर कनक सिंह राव**

# अनुक्रम

# 1

# जीते तो नेतृत्वकर्ता : हारे तो पथदर्शक

महान् विचारक स्वामी विवेकानंद पहले ऐसे धर्मगुरु थे, जिन्होंने कहा कि भारत के पिछड़ने की मुख्य वजह जनता की अनदेखी है। विवेकानंद ने रामकृष्ण मठ, बारानगर मठ, रामकृष्ण मिशन और वेदांत सोसाइटी की स्थापना की। इसके अलावा उन्होंने हिंदू वेदांत के दर्शन के बारे में बताने के साथ ही इस विचार का दुनिया में प्रसार किया, इसके साथ ही शिकागो का उनका संबोधन काफी प्रसिद्ध है। अमेरिका के शहर में आयोजित इस धर्मसंसद् में 11 सितंबर, 1893 को उन्होंने भारत का प्रतिनिधित्व करते हुए सम्मोहित करनेवाला भाषण दिया। इस दौरान संबोधन की शुरुआत में अमेरिका के 'मेरे अमेरिकी बहनो और भाइयो!' कहते ही तालियों की गड़गड़ाहट होने लगी थी।

युवावस्था में स्वामी विवेकानंद को पाश्चात्य दार्शनिकों के निरीश्वर भौतिकवाद तथा ईश्वर के अस्तित्व में दृढ़ भारतीय विश्वास के कारण गहरे द्वंद्व से गुजरना पड़ा। परमहंसजी जैसे जौहरी ने रत्न को परखा। उन दिव्य महापुरुष के स्पर्श ने नरेंद्र को बदल दिया। इसी समय उनकी भेंट अपने गुरु रामकृष्ण से हुई, जिन्होंने पहले उन्हें विश्वास दिलाया कि ईश्वर वास्तव में है और मनुष्य ईश्वर को पा सकता है।

रामकृष्ण ने सर्वव्यापी परमसत्य के रूप में ईश्वर की सर्वोच्च अनुभूति पाने में नरेंद्र का मार्गदर्शन किया और उन्हें शिक्षा दी कि सेवा कभी दान नहीं, बल्कि सारी मानवता में निहित ईश्वर की सचेतन आराधना होनी चाहिए। यह उपदेश

विवेकानंद के जीवन का प्रमुख दर्शन बन गया। रामकृष्ण परमहंस से मुलाकात के बाद नरेंद्रनाथ दत्त का स्वामी विवेकानंद के तौर पर रूपांतरण हुआ।

## संन्यास

कहा जाता है कि उस शक्तिपात के कारण कुछ दिनों तक नरेंद्र उन्मत्त-से रहे। उन्हें गुरु ने आत्मदर्शन करा दिया था। पच्चीस साल की अवस्था में नरेंद्रनाथ ने गेरुआ वस्त्र धारण किया। अपने गुरु से प्रेरित होकर नरेंद्रनाथ ने संन्यासी जीवन बिताने की दीक्षा ली और स्वामी विवेकानंद के रूप में जाने गए।

जीवन के आलोक को जगत् के अंधकार में भटकते प्राणियों के समक्ष उन्हें उपस्थित करना था। स्वामी विवेकानंद ने पैदल ही पूरे भारत की यात्रा की।

## राष्ट्र का पुनर्निर्माण

रामकृष्ण की मृत्यु के बाद उन्होंने स्वयं को हिमालय में चिंतनरूपी आनंद सागर में डुबाने की चेष्टा की, लेकिन जल्दी ही वे इसे त्यागकर भारत की कारुणिक निर्धनता से साक्षात्कार करने और देश के पुनर्निर्माण के लिए समूचे भारत में भ्रमण पर निकल पड़े। इस दौरान उन्हें कई दिनों तक भूखे भी रहना पड़ा। छह साल के भ्रमण काल में वे राजाओं और दलितों, दोनों के अतिथि रहे। उनकी यह महान् यात्रा कन्याकुमारी में समाप्त हुई, जहाँ ध्यानमग्न विवेकानंद को यह ज्ञान प्राप्त हुआ कि राष्ट्रीय पुनर्निर्माण की ओर रुझानवाले नए भारतीय वैरागियों और सभी आत्माओं, विशेषकर जनसाधारण की सुप्त दिव्यता के जागरण से ही इस मृतप्राय देश में प्राणों का संचार किया जा सकता है।

*रामकृष्ण की मृत्यु के बाद उन्होंने स्वयं को हिमालय में चिंतनरूपी आनंद सागर में डुबाने की चेष्टा की, लेकिन जल्दी ही वे इसे त्यागकर भारत की कारुणिक निर्धनता से साक्षात्कार करने और देश के पुनर्निर्माण के लिए समूचे भारत में भ्रमण पर निकल पड़े।*

## ऐतिहासिक भाषण

भारत के पुनर्निर्माण के प्रति उनके लगाव ने ही उन्हें अंततः 1893 में शिकागो धर्म-संसद् में जाने के लिए प्रेरित किया, जहाँ वे बिना आमंत्रण के गए थे, परिषद् में उनके प्रवेश की अनुमति मिलनी ही कठिन हो गई।

उनको समय न मिले, इसका भरपूर प्रयास किया गया। पराधीन भारत क्या संदेश देगा—यूरोपीय वर्ग को तो भारत के नाम से ही घृणा थी। एक अमेरिकन प्रोफेसर की कोशिशों से किसी प्रकार समय मिला और 11 सितंबर, 1893 के उस दिन उनके अलौकिक तत्त्वज्ञान ने पाश्चात्य जगत् को चौंका दिया।

अमेरिका ने स्वीकार कर लिया कि वस्तुतः भारत ही जगद्गुरु था और रहेगा। स्वामी विवेकानंद ने वहाँ भारत और हिंदू धर्म की भव्यता स्थापित करके जबरदस्त प्रभाव छोड़ा। 'सिस्टर्स एंड ब्रदर्स ऑफ अमेरिका' (अमेरिकी बहनो और भाइयो) के संबोधन के साथ अपने भाषण की शुरुआत करते ही 7,000 प्रतिनिधियों ने जोरदार तालियों के साथ उनका स्वागत किया।

> ***उनको समय न मिले, इसका भरपूर प्रयास किया गया। पराधीन भारत क्या संदेश देगा—यूरोपीय वर्ग को तो भारत के नाम से ही घृणा थी। एक अमेरिकन प्रोफेसर की कोशिशों से किसी प्रकार समय मिला और 11 सितंबर, 1893 के उस दिन उनके अलौकिक तत्त्वज्ञान ने पाश्चात्य जगत् को चौंका दिया।***

विवेकानंद ने वहाँ एकत्र लोगों को सभी मानवों की अनिवार्य दिव्यता के प्राचीन वेदांतिक संदेश और सभी धर्मों में निहित एकता से परिचित कराया। सन् 1896 तक वे अमेरिका रहे। उन्हीं का व्यक्तित्व था, जिसने भारत एवं हिंदू धर्म के गौरव को पहली बार विदेशों में जाग्रत् किया और नेतृत्व प्रदान किया।

धर्म एवं तत्त्वज्ञान के समान भारतीय स्वतंत्रता की प्रेरणा का भी उन्होंने नेतृत्व किया। स्वामी विवेकानंद कहा करते थे, "मैं कोई तत्त्ववेत्ता नहीं हूँ। न तो संत या दार्शनिक ही हूँ। मैं तो गरीब हूँ और गरीबों का अनन्य भक्त हूँ। मैं तो सच्चा महात्मा उसे ही कहूँगा, जिसका मन गरीबों के लिए तड़पता हो।"

विवेकानंद कहते हैं कि मन आसानी से नहीं जीता जा सकता। हलकी-

से-हलकी उत्तेजना या खतरा आने पर, प्रत्येक छोटी सी घटना उपस्थित होने पर, जो मन तरंगायमान होने लगते हैं, उनकी दशा भला क्या होगी? जब इस प्रकार के विकार मन में उत्पन्न होते हैं, तब महानता और आध्यात्मिकता की चर्चा का क्या प्रयोजन? मन की हर अस्थिर दशा बदलनी ही होगी। हमें स्वयं अपने से पूछना चाहिए कि हमारे ऊपर बाह्य जगत् की कहाँ तक प्रतिक्रिया हो सकती है और अपने बाहर की तमाम शक्तियों के बावजूद कहाँ तक हम अपने पैरों पर खड़े हो सकते हैं। जब दुनिया की सारी शक्तियों को हम अपना संतुलन बिगाड़ने से रोकने में सफल हो जाएँ, तभी हम मुक्त हैं, उससे पूर्व नहीं, और वही उद्धार है।

एक परमाणु से लेकर मनुष्य तक, जड़-तत्त्व के अचेतन प्राणहीन कण से लेकर इस पृथ्वी की सर्वोच्च सत्ता, मानवात्मा तक, जो कुछ हम इस विश्व में प्रत्यक्ष करते हैं, वे सब मुक्ति के लिए प्रयत्न कर रहे हैं। असल में यह समग्र विश्व इस मुक्ति के लिए संग्राम का ही परिणाम है।

*इस विश्व में हम जो कुछ देखते हैं, उन सबकी जड़ में मुक्ति-लाभ की यह चेष्टा ही है। इसी की प्रेरणा से साधु प्रार्थना करता है और डाकू लूटता है। जब कार्य-विधि अनुचित होती है तो उसे हम 'अशुभ' कहते हैं और जब उसकी अभिव्यक्ति उचित तथा उच्च होती है तो उसे हम 'शुभ' कहते हैं।*

इस विश्व में हम जो कुछ देखते हैं, उन सबकी जड़ में मुक्ति-लाभ की यह चेष्टा ही है। इसी की प्रेरणा से साधु प्रार्थना करता है और डाकू लूटता है। जब कार्य-विधि अनुचित होती है तो उसे हम 'अशुभ' कहते हैं और जब उसकी अभिव्यक्ति उचित तथा उच्च होती है तो उसे हम 'शुभ' कहते हैं। परंतु दोनों दशाओं में प्रेरणा एक ही होती है और वह है मुक्ति की चेष्टा।

चेतन अथवा अचेतन समस्त प्रकृति का लक्ष्य यह मुक्ति ही है और जाने या अनजाने सारा जगत् इसी लक्ष्य की ओर पहुँचने का यत्न कर रहा है। किंतु जिस मुक्ति की खोज एक साधु करता है, वह उस मुक्ति से बहुत भिन्न होती है, जिसकी खोज डाकू करता है। साधु जिस मुक्ति को चाहता है, उससे अनंत,

अनिर्वचनीय आनंद का अधिकारी हो जाता है, परंतु डाकू की इष्ट मुक्ति उसकी आत्मा के लिए दूसरे पाशों की सृष्टि कर देती है।

हम कहते हैं कि हमें मुक्ति की ही खोज करनी है और वह मुक्ति है परमात्मा। यह वही आनंद है, जो हर वस्तु में निहित है; किंतु जब मनुष्य उसे किसी असीम वस्तु में ढूँढ़ता है तो उसका कण मात्र पाता है। चोर को चोरी करने में वही आनंद मिलता है, जो भक्त को भगवान् में; किंतु चोर उस आनंद का केवल कण मात्र पाता है और साथ ही दुःख का ढेर भी। यथार्थ आनंद परमात्मा है। ईश्वर आनंदस्वरूप है, प्रेमस्वरूप है, मुक्तिस्वरूप है; और जो कुछ भी बंधनकारक है, वह ईश्वर नहीं है।

मनुष्य तो मुक्त ही है, किंतु उसे इस सत्य को खोजना पड़ेगा। वह प्रतिक्षण इसे भूल जाता है। जाने या बिना जाने अपने इस मुक्त स्वरूप को पहचान लेना, यही प्रत्येक मानव का संपूर्ण जीवन है। ज्ञानी और अज्ञानी में भेद यही है कि ज्ञानी इसको जान-बूझकर करता है और अज्ञानी बिना जाने।

*मनुष्य तो मुक्त ही है, किंतु उसे इस सत्य को खोजना पड़ेगा। वह प्रतिक्षण इसे भूल जाता है। जाने या बिना जाने अपने इस मुक्त स्वरूप को पहचान लेना, यही प्रत्येक मानव का संपूर्ण जीवन है। ज्ञानी और अज्ञानी में भेद यही है कि ज्ञानी इसको जान-बूझकर करता है और अज्ञानी बिना जाने।*

स्वतंत्रता की कल्पना ही मुक्ति की सच्ची कल्पना है, हर वस्तु से स्वतंत्रता, संवेदनाओं से स्वतंत्रता, चाहे वे सुख की हों या दुःख की, शुभ से और अशुभ से भी। हम सदा मुक्त हैं, यदि हम केवल इस पर विश्वास भर करें, केवल पर्याप्त श्रद्धा। तुम आत्मा हो, मुक्त और शाश्वत, चिर मुक्त, चिर पवित्र। अभीष्ट श्रद्धा रखो और क्षण भर में तुम मुक्त हो जाओगे। हर वस्तु देश, काल, कार्य-कारण से बँधी है। आत्मा सब देश, सब काल, सब कार्य-कारणों से परे है। जो बँधी है, वह प्रकृति है, आत्मा नहीं। इसलिए अपनी मुक्ति घोषित करो और जो हो, वह बनो—सदा मुक्त, सदा पवित्र।

मुक्ति-लाभ करने के लिए हमें इस विश्व की सीमाओं के परे जाना होगा; मुक्ति यहाँ प्राप्त नहीं हो सकती। पूर्ण साम्यावस्था का लाभ अथवा ईसाई जिसे

'बुद्धि से अतीत शांति' कहते हैं, उसकी प्राप्ति इस जगत् में नहीं हो सकती और न स्वर्ग में अथवा न किसी ऐसे स्थान में जहाँ हमारे मन और विचार जा सकते हैं, जहाँ हम इंद्रियों द्वारा किसी प्रकार का अनुभव प्राप्त कर सकते हैं अथवा जहाँ हमारी कल्पना-शक्ति काम कर सकती है। इस प्रकार के किसी भी स्थान में हमें मुक्ति नहीं प्राप्त हो सकती, क्योंकि ऐसे सब स्थान निश्चित ही हमारे जगत् के अंतर्गत होंगे और यह जगत् देश, काल और निमित्त के बंधनों से जकड़ा हुआ है।

यदि हम मन एवं इंद्रियगोचर इस छोटे से जगत् से अपनी आसक्ति हटा लें, तो उसी क्षण हम मुक्त हो जाएँगे। बंधन से मुक्त होने का एकमात्र उपाय है, सारे नियमों के बाहर चले जाना, कार्य-कारण शृंखला के बाहर हो जाना।

स्वतंत्र अवस्था, जहाँ कोई बंधन नहीं, कोई परिवर्तन नहीं, प्रकृति नहीं, कुछ ऐसा भी नहीं, जो उसमें कोई परिणाम उत्पन्न कर सके, वेदांत की ईश्वर-संबंधी इन धारणाओं की जड़ में पूर्ण स्वतंत्रता से उत्पन्न आनंद व चिर शक्ति के धर्म की यह धारणा सर्वोच्च है। यह स्वातंत्र्य तुम्हारे भीतर है, मेरे भीतर है और यही एकमात्र यथार्थ स्वातंत्र्य है।

*स्वतंत्र अवस्था, जहाँ कोई बंधन नहीं, कोई परिवर्तन नहीं, प्रकृति नहीं, कुछ ऐसा भी नहीं, जो उसमें कोई परिणाम उत्पन्न कर सके, वेदांत की ईश्वर-संबंधी इन धारणाओं की जड़ में पूर्ण स्वतंत्रता से उत्पन्न आनंद व चिर शक्ति के धर्म की यह धारणा सर्वोच्च है। यह स्वातंत्र्य तुम्हारे भीतर है, मेरे भीतर है और यही एकमात्र यथार्थ स्वातंत्र्य है।*

ईश्वरोपासना, साधु-महापुरुषों की पूजा, एकाग्रता, ध्यान और निष्काम कर्म, ये सब मायाजाल को काटकर निकलने के उपाय हैं; किंतु हमारे भीतर पहले से तीव्र मुमुक्षुत्व रहना चाहिए। जो ज्योति प्रकाशित होकर हमारे हृदयांधकार को दूर कर देगी, वह तो हमारे भीतर ही है, यह है वह ज्ञान, जो हमारा स्वभाव या स्वरूप है। यह ज्ञान हमारा 'जन्मगत स्वत्व' नहीं कहा जा सकता, क्योंकि वास्तव में हमारा जन्म तो है ही नहीं। केवल जो मेघ इस ज्ञानसूर्य को आवृत किए हुए है, हमें उसी को दूर कर देना होगा।

प्रत्येक धर्म में मुक्ति-लाभ की इस प्रकार चेष्टा की अभिव्यक्ति पाई जाती

है। यही सारी नैतिकता की, सारी निस्स्वार्थपरता की नींव है। निस्स्वार्थपरता का अर्थ है, मनुष्य अपना क्षुद्र शरीर ही है, इस भाव से परे होना। जब हम किसी को कोई सत् कार्य करते, दूसरों की सहायता करते देखते हैं, तो उसका तात्पर्य यह होता है कि उसे 'मैं और मेरे' की सीमित परिधि में आबद्ध करके नहीं रखा जा सकता। स्वार्थपरता से इस बाहर निकल आने की कोई निर्दिष्ट सीमा नहीं है। सारे श्रेष्ठ नीतिशास्त्र यही शिक्षा देते हैं कि संपूर्ण निस्स्वार्थपरता ही चरम लक्ष्य है। मान लो, किसी मनुष्य ने इस संपूर्ण निस्स्वार्थपरता को प्राप्त कर लिया, तो फिर उसकी क्या दशा हो जाती है? फिर वह अमुक अमुक नामवाला पहले का क्षुद्र व्यक्ति नहीं रह जाता, वह अनंत विस्तार प्राप्त कर लेता है। फिर उसका पहले का वह क्षुद्र व्यक्तित्व सदा के लिए नष्ट हो जाता है, अब वह अनंत स्वरूप हो जाता है और इस अनंत विकास की प्राप्ति ही असल में समस्त दार्शनिक एवं नैतिक शिक्षाओं का लक्ष्य है।

हमारी सभी चेष्टाओं का उद्‍देश्य उत्तरोत्तर स्वाधीन होना है। कारण, पूर्ण स्वाधीनता पाने पर ही हम पूर्णत्व पा सकते हैं। हमें इस बात का ज्ञान हो या न हो, स्वाधीनता पाने की यह चेष्टा ही सभी प्रकार की उपासना प्रणालियों की भित्ति है।

***हमारी सभी चेष्टाओं का उद्‍देश्य उत्तरोत्तर स्वाधीन होना है। कारण, पूर्ण स्वाधीनता पाने पर ही हम पूर्णत्व पा सकते हैं। हमें इस बात का ज्ञान हो या न हो, स्वाधीनता पाने की यह चेष्टा ही सभी प्रकार की उपासना प्रणालियों की भित्ति है।***

मुक्ति ही इस विश्व की प्रेरक है और मुक्ति ही इसका लक्ष्य है। प्रकृति के नियम ऐसी पद्धतियाँ हैं, जिनके द्वारा हम जगदंबा के निर्देशन में, उस मुक्ति तक पहुँचने का संघर्ष करते हैं। मुक्ति के लिए इस विश्वव्यापी संघर्ष की सर्वोच्च अभिव्यक्ति मनुष्य में मुक्त होने की सजग अभिलाषा के रूप में होती है। यह मुक्ति तीन प्रकार से प्राप्त होती है—कर्म, उपासना और ज्ञान से।

(1) कर्म, दूसरों की सहायता करने और दूसरों से प्रेम करने का सतत अविरत प्रयत्न।

(2) उपासना, प्रार्थना, वंदना, गुणगान और ध्यान।

(3) ज्ञान, जो ध्यान से उत्पन्न होता है।

दार्शनिक रूप से विश्लेषण करने पर हम देखते हैं कि हम स्वतंत्र नहीं हैं। फिर भी हमारे भीतर यह भाव बना ही रहता है कि हम स्वतंत्र हैं, मुक्त हैं। अब हमें यह समझना है कि यह भाव आता कैसे है? हम देखते हैं कि हममें ये दो प्रेरणाएँ हैं। हमारी बुद्धि बतलाती है कि हमारे प्रत्येक कार्य का कुछ कारण होता है और साथ-ही-साथ, प्रत्येक मनःस्पंदन के साथ हम अपने स्वतंत्र स्वभाव की घोषणा भी कर रहे हैं। इस पर वेदांत का समाधान यह है कि अंदर तो स्वतंत्रता है, आत्मा वास्तव में मुक्त है, पर इस आत्मा के कार्य शरीर और मन के द्वारा होते हैं, जो स्वतंत्र नहीं है।

सारी प्रकृति नियम से बँधी है, अपनी ही क्रिया के नियम से; और यह नियम कभी भंग नहीं किया जा सकता। यदि तुम प्रकृति का नियम भंग कर सको, तो एक क्षण में सारी प्रकृति नष्ट हो जाए। फिर प्रकृति ही न रहे। जो मुक्ति पाता है, प्रकृति का नियम तोड़ता है, उसके लिए प्रकृति पीछे हट जाती है और प्रकृति की शक्ति उस पर नहीं रहती। प्रत्येक व्यक्ति नियम को भंग करेगा, केवल एक बार और सदा के लिए; और इस प्रकार उसका प्रकृति के साथ संघर्ष समाप्त हो जाएगा।

*हिंदुओं की सारी साधना-प्रणाली का लक्ष्य है, सतत अध्यवसाय द्वारा पूर्ण बन जाना, दिव्य बन जाना, ईश्वर को प्राप्त करना और उसके दर्शन कर लेना और उस स्वर्गस्थ पिता के समान पूर्ण हो जाना हिंदुओं का धर्म है।*

हिंदुओं की सारी साधना-प्रणाली का लक्ष्य है, सतत अध्यवसाय द्वारा पूर्ण बन जाना, दिव्य बन जाना, ईश्वर को प्राप्त करना और उसके दर्शन कर लेना और उस स्वर्गस्थ पिता के समान पूर्ण हो जाना हिंदुओं का धर्म है।

और जब मनुष्य पूर्णत्व को प्राप्त कर लेता है, तब उसका क्या होता है? तब वह असीम परमानंद का जीवन व्यतीत करता है। जिस एकमात्र वस्तु में मनुष्य को सुख पाना चाहिए, उसे अर्थात् ईश्वर को पाकर वह परम तथा असीम आनंद का उपभोग करता है और ईश्वर के साथ ही परमानंद का आस्वादन करता है।

हमें अवश्य स्मरण रखना चाहिए कि हमारा धर्म स्पष्ट रूप से यह कह रहा

है कि जो कोई मुक्ति-प्राप्ति की इच्छा रखे, उसे ही इस ऋषित्व का लाभ करना होगा, मंत्रद्रष्टा होना होगा, ईश्वर-साक्षात्कार करना होगा। यही मुक्ति है और यही हमारे शास्त्रों द्वारा प्रतिपादित सिद्धांत।

मानसिक और भौतिक सभी विषयों से आत्मा को पृथक् कर लेना ही हमारा लक्ष्य है। इस लक्ष्य के प्राप्त हो जाने पर आत्मा देखती है कि वह सर्वदा ही एकाकी रही है और उसे सुखी बनाने के लिए अन्य किसी की आवश्यकता नहीं। जब तक अपने को सुखी बनाने के लिए हमें अन्य किसी की आवश्यकता होती है, तब तक हम दास हैं। जब 'पुरुष' जान लेता है कि वह मुक्त है, उसे अपनी पूर्णता के लिए अन्य किसी की आवश्यकता नहीं, एवं यह प्रकृति नितांत अनावश्यक है, तब कैवल्य लाभ हो जाता है।

वेदांत शिक्षा देता है कि निर्वाण-लाभ यहीं और अभी हो सकता है, उसके लिए हमें मृत्यु की प्रतीक्षा करने की आवश्यकता नहीं। निर्वाण का अर्थ है आत्म-साक्षात्कार कर लेना; और यदि एक बार भी, वह चाहे क्षण भर के लिए ही क्यों न हो, हमें यह अवस्था प्राप्त हो गई, तो फिर कभी भी हम व्यक्तित्व की भ्रांति से विमोहित न हो सकेंगे। हमारे चक्षु हैं, अतः हम प्रतीयमान वस्तु को ही देखते हैं, पर हमने इसके वास्तविक स्वरूप को जान लिया है और हमें सदैव यह ज्ञान रहता है कि वह है क्या; हमने उसके वास्तविक स्वरूप को जान लिया है। यह वह आवरण है, जिसने अपरिणामी आत्मा को ढक रखा है। आवरण खुल जाता है और तब हम इसके पीछे अवस्थित आत्मा को देख पाते हैं। सभी परिवर्तन या परिणाम आवरण में ही होते हैं। साधु पुरुष में यह आवरण इतना महीन होता है कि उसमें आत्मा की हमें स्पष्ट झलक दिखाई पड़ती है; पर पापी में यह आवरण इतना मोटा होता है कि

*मानसिक और भौतिक सभी विषयों से आत्मा को पृथक् कर लेना ही हमारा लक्ष्य है। इस लक्ष्य के प्राप्त हो जाने पर आत्मा देखती है कि वह सर्वदा ही एकाकी रही है और उसे सुखी बनाने के लिए अन्य किसी की आवश्यकता नहीं। जब तक अपने को सुखी बनाने के लिए हमें अन्य किसी की आवश्यकता होती है, तब तक हम दास हैं।*

हम इस सत्य में संशय करने लग जाते हैं कि पापी के पीछे भी वही आत्मा है, जो साधु पुरुष के पीछे विद्यमान है। जब संपूर्ण आवरण हट जाता है, तब हम देखने लगते हैं कि वास्तव में आवरण का अस्तित्व किसी काल में नहीं था, हम सदैव आत्मा ही थे, अन्य कुछ भी नहीं; यहाँ तक कि आवरण की बात ही भूल जाते हैं।

यह बात नहीं है कि मुक्त होने पर मनुष्य कर्म करना छोड़ दे और निर्जीव मिट्टी का ढेर बन जाए, प्रत्युत वह अन्य लोगों की अपेक्षा अधिक कर्मशील होता है, क्योंकि अन्य लोग तो केवल बाध्य होकर कर्म करते हैं, पर वह स्वतंत्र होकर।

मुक्ति का अर्थ है, संपूर्ण स्वाधीनता, शुभ और अशुभ, दोनों प्रकार के बंधनों से छुटकारा पा जाना। इसे समझना जरा कठिन है। लोहे की जंजीर भी एक जंजीर है और सोने की जंजीर भी एक जंजीर ही है।

*मुक्ताभिमानी मुक्तो हि बद्धो बद्धाभिमान्यपि।*
*विवदन्तीति सत्येयं या मतिः सा गतिर्भवेत्॥*

> ***जिसके हृदय में मुक्ताभिमान सर्वदा जाग्रत् है, वह मुक्त हो जाता है और जो 'मैं बद्ध हूँ' ऐसी भावना रखता है, समझ लो कि उसकी जन्म-जन्मांतर तक बद्ध दशा ही रहेगी। ऐहिक और पारमार्थिक दोनों पक्षों में ही इस बात को सत्य जानना।***

जिसके हृदय में मुक्ताभिमान सर्वदा जाग्रत् है, वह मुक्त हो जाता है और जो 'मैं बद्ध हूँ' ऐसी भावना रखता है, समझ लो कि उसकी जन्म-जन्मांतर तक बद्ध दशा ही रहेगी। ऐहिक और पारमार्थिक दोनों पक्षों में ही इस बात को सत्य जानना। इस जीवन में जो सर्वदा हताशचित्त रहते हैं, उनसे कोई भी कार्य नहीं हो सकता। मुक्ति का अर्थ है, सत्य को जानना। हम कुछ नहीं बनते, जो हैं, वही रहेंगे। श्रद्धा से मुक्ति मिलती है, काम करने से नहीं। यहाँ 'ज्ञान' का प्रश्न है। तुमको जानना होगा कि तुम क्या हो और तब काम समाप्त होगा।

## ईश्वर

हिंदू शब्दों और सिद्धांतों के जाल में जीना नहीं चाहता। यदि इन साधारण इंद्रिय-संवेद्य विषयों के परे और भी कोई सत्ताएँ हैं, तो वह उनका प्रत्यक्ष अनुभव

करना चाहता है। यदि उसमें कोई आत्मा है, जो जड़ वस्तु नहीं है, यदि कोई दयामय सर्वव्यापी विश्वात्मा है तो वह उसका साक्षात्कार करेगा। वह उसे अवश्य देखेगा और मात्र उसी से उसकी समस्त शंकाएँ दूर होंगी। अत: हिंदू ऋषि आत्मा के विषय में, ईश्वर के विषय में यही सर्वोत्तम प्रमाण देता है : "मैंने आत्मा का दर्शन किया; मैंने ईश्वर का दर्शन किया है।"

ईसा मसीह के ये शब्द स्मरण रहें, "तुम माँगो और वह तुम्हें दिया जाएगा; तुम ढूँढ़ो और तुम उसे पाओगे। तुम खटखटाओ और तुम्हारे लिए दरवाजा खुल जाएगा।" ये शब्द बिल्कुल सत्य हैं, आलंकारिक या काल्पनिक नहीं हैं। परमेश्वर के एक सबसे महान् पुत्र के हृदय के रक्त में से वे बह निकल थे। वे ऐसे शब्द हैं, जो स्वयं अनुभव करने के बाद निकले हैं। ऐसे व्यक्ति से निकले हैं, जिसने परमेश्वर का प्रत्यक्ष अनुभव किया था, जिसे उसका प्रत्यक्ष स्पर्श हुआ था, जिसने उसके साथ वास किया था, उसके साथ बातचीत की थी और वह भी साधारण रूप से नहीं, बल्कि जैसे हम इस दीवार को देख रहे हैं, उससे भी सैकड़ों गुना अधिक प्रत्यक्ष रूप से।

*ईसा मसीह के ये शब्द स्मरण रहें, "तुम माँगो और वह तुम्हें दिया जाएगा; तुम ढूँढ़ो और तुम उसे पाओगे। तुम खटखटाओ और तुम्हारे लिए दरवाजा खुल जाएगा।" ये शब्द बिल्कुल सत्य हैं, आलंकारिक या काल्पनिक नहीं हैं। परमेश्वर के एक सबसे महान् पुत्र के हृदय के रक्त में से वे बह निकल थे।*

यदि समानरूपता विश्व का नियम है तो विश्व का प्रत्येक अंश उसी योजना के अनुसार बना हुआ होना चाहिए, जिसके अनुसार संपूर्ण विश्व बना हुआ है। इसलिए हमारा यह सोचना स्वाभाविक है कि विश्व कहे जानेवाले इस स्थूल भौतिक रूप के पीछे एक सूक्ष्मतर तत्त्वों का विश्व अवश्य होगा, जिसे हम विचार कहते हैं और उसके पीछे एक 'आत्मा' होगी, जो इस समस्त विचार को संभव बनाती है, जो आज्ञा देती है और जो इस विश्व की सिंहासनारूढ़ राज्ञी है। वह आत्मा, जो प्रत्येक मन और शरीर के पीछे है, 'प्रत्यगात्मा' अथवा व्यक्तिगत आत्मा कही जाती है और जो आत्मा विश्व के पीछे उसकी पथप्रदर्शक, नियंत्रक और शासक है, वह ईश्वर है।

दर्शनशास्त्र का स्थान जो भी हो, तत्त्वज्ञान का स्थान जो भी हो, पर जब तक इस लोक में मृत्यु नाम की वस्तु है, जब तक मानव-हृदय में दुर्बलता जैसी वस्तु है, जब तक मनुष्य के अंत:करण से दुर्बलताजनित करुण क्रंदन बाहर निकलता है, तब तक इस संसार में ईश्वर में विश्वास भी कायम रहेगा।

शिशु जन्म ग्रहण करते ही नियम के विरुद्ध विद्रोही हो जाता है। उसकी पहली आवाज रुदन की होती है, जो अपने बंधनों के प्रति उसका विरोध होता है। स्वाधीनता की यह आकांक्षा ही पूर्णत: स्वतंत्र एक सत्ता की भावना को जन्म देती है। ईश्वर की धारणा मनुष्य की प्रकृति का एक मूल उपादान है। वेदांत के अनुसार मानव मन की सर्वोच्च ईश्वर-धारणा सच्चिदानंद है।

जहाँ से सब प्रकट हुए हैं, जो सबका अधिष्ठान है और जिसमें सब विलीन होंगे, वही ईश्वर है। समग्र प्रकृति ईश्वर की उपासना है। जहाँ कहीं भी जीवन है, वही मुक्ति का अनुसंधान है और वह मुक्ति ही ईश्वरस्वरूप है।

हम लोग संसार के बीच इस प्रकार भागे चले जा रहे हैं, मानो हमें कोई सिपाही पकड़ने आ रहा हो, इसलिए हमें जगत् के सौंदर्य का लेशमात्र ही आभास मिलता है। हमें यह जो इतना भय हो रहा है, उसका कारण है जड़ को सत्य समझकर उसमें विश्वास करना। जड़ की जो कुछ तथाकथित सत्ता प्रतीत हो रही है, वह हमारे मन के ही कारण है। हम जो कुछ देख रहे हैं, वह प्रकृति के बीच से अपने को अभिव्यक्त कर रहा ईश्वर ही है।

***हम लोग संसार के बीच इस प्रकार भागे चले जा रहे हैं, मानो हमें कोई सिपाही पकड़ने आ रहा हो, इसलिए हमें जगत् के सौंदर्य का लेशमात्र ही आभास मिलता है। हमें यह जो इतना भय हो रहा है, उसका कारण है जड़ को सत्य समझकर उसमें विश्वास करना।***

ईश्वर स्थिर है, महिमामय अपने अपरिणामी स्वरूप पर प्रतिष्ठित है। तुम और हम उसके साथ एक होने की चेष्टा करते हैं, किंतु इधर बंधन की कारणीभूत प्रकृति पर, दैनंदिन जीवन की छोटी-छोटी बातें, धन, नाम, यश, मानवप्रेम प्रभृति प्राकृतिक विषयों पर निर्भर होते हैं। यह जो समग्र प्रकृति प्रकाश पा रही है, उसका प्रकाश किस पर निर्भर है ?

ईश्वर पर, सूर्य, चंद्र, तारों पर नहीं। जहाँ कहीं कुछ प्रकाशित होता है, चाहे वह सूर्य का प्रकाश हो या हमारी चेतना का, वहाँ उसी का प्रकाश होता है; उसके प्रकाशमान होने से ही सबकुछ प्रकाशित होता है।

"मैंने इतनी तपस्या करके यही सार समझा है कि जीव-जीव में वे अधिष्ठित हैं; इसके अतिरिक्त ईश्वर और कुछ भी नहीं। जो जीवों पर दया करता है, वही व्यक्ति ईश्वर की सेवा कर रहा है। छोटे-बड़े सभी जीव ईश्वर की समान रूप से अभिव्यक्तियाँ हैं, अंतर केवल अभिव्यक्तियों में है।"

चराचर विश्व की समष्टि ईश्वर ही है। तो क्या ईश्वर जड़ है? नहीं, कदापि नहीं। जड़ वह ईश्वर है, जो पाँचों इंद्रियों द्वारा ग्राह्य है; बुद्धि के माध्यम से जाना हुआ ईश्वर मन है; और जब आत्मा उसे प्रत्यक्ष करती है तो वह आत्मा के रूप में ही दृष्ट होता है। वह जड़ नहीं, अपितु जड़ में निहित यथार्थ सार-तत्त्व है।

*चराचर विश्व की समष्टि ईश्वर ही है। तो क्या ईश्वर जड़ है? नहीं, कदापि नहीं। जड़ वह ईश्वर है, जो पाँचों इंद्रियों द्वारा ग्राह्य है; बुद्धि के माध्यम से जाना हुआ ईश्वर मन है; और जब आत्मा उसे प्रत्यक्ष करती है तो वह आत्मा के रूप में ही दृष्ट होता है। वह जड़ नहीं, अपितु जड़ में निहित यथार्थ सार-तत्त्व है।*

हमारे शास्त्रों में परमात्मा के दो रूप कहे गए हैं, सगुण और निर्गुण। सगुण ईश्वर के अर्थ से वह सर्वव्यापी है, संसार की सृष्टि, स्थिति और प्रलय का कर्ता है, संसार का अनादि जनक तथा जननी है, उसके साथ हमारा नित्य भेद है और मुक्ति का अर्थ, उसके सामीप्य और सालोक्य की प्राप्ति है। सगुण ब्रह्म के ये सब विशेषण ब्रह्म के संबंध में अनावश्यक और अतार्किक मानकर त्याग दिए गए हैं। वह निर्गुण और सर्वव्यापी पुरुष ज्ञानवान नहीं कहा जा सकता; क्योंकि ज्ञान मानव मन का धर्म है। वह चिंतनशील नहीं कहा जा सकता; क्योंकि चिंतन ससीम जीवों के ज्ञान लाभ का उपाय मात्र है। वह विचारपरायण नहीं कहा जा सकता; क्योंकि विचार ससीम है और दुर्बलता का चिह्न मात्र है। वह सृष्टिकर्ता भी नहीं कहा जा सकता; क्योंकि जो बंधन में है, वही सृष्टि की ओर प्रवृत्त होता है। उसका बंधन ही क्या हो सकता है? कोई

बिना प्रयोजन के कोई काम नहीं कर सकता, उसे फिर प्रयोजन क्या है? कामना पूर्ति के लिए ही सब काम करते हैं। उन्हें क्या कामना है? वेदों में उसके लिए 'सः' शब्द का प्रयोग नहीं किया गया; 'सः' शब्द द्वारा निर्देश न करके निर्गुण भाव समझाने के लिए 'तत्' शब्द द्वारा उसका निर्देश किया गया है। 'सः' शब्द के कहे जाने से वह व्यक्ति विशेष हो जाता है, इससे जीव-जगत् के साथ उसका संपूर्ण पार्थक्य सूचित हो जाता है।

सगुण ईश्वर स्वयं अपने लिए उतना ही सत्य है, जितना हम अपने लिए, इससे अधिक नहीं। ईश्वर को भी उसी प्रकार साकार भाव में देखा जा सकता है, जैसे हमें देखा जा सकता है। जब तक हम मनुष्य हैं, तब तक हमें ईश्वर का प्रयोजन है; हम जब स्वयं ब्रह्मस्वरूप हो जाएँगे, तब फिर हमें ईश्वर का प्रयोजन नहीं रह जाएगा। इसलिए श्रीरामकृष्ण उस जगज्जननी को अपने समीप सदा-सर्वदा वर्तमान देखते थे, वे अपने आस-पास की अन्य सभी वस्तुओं की अपेक्षा उन्हें अधिक सत्य रूप में देखते थे; किंतु समाधि अवस्था में उन्हें आत्मा के अतिरिक्त और किसी वस्तु का अनुभव नहीं होता था। सगुण ईश्वर क्रमशः हमारी ओर अधिकाधिक आता-जाता है, अंत में वह मानो गल जाता है, उस समय न 'ईश्वर' रह जाता है, न 'अहं'। सब उसी आत्मा में लय हो जाता है।

> ***ईश्वर को भी उसी प्रकार साकार भाव में देखा जा सकता है, जैसे हमें देखा जा सकता है। जब तक हम मनुष्य हैं, तब तक हमें ईश्वर का प्रयोजन है; हम जब स्वयं ब्रह्मस्वरूप हो जाएँगे, तब फिर हमें ईश्वर का प्रयोजन नहीं रह जाएगा।***

तुम्हें निर्गुणवाद भी समझना होगा, क्योंकि इस निर्गुणवाद के आलोक में ही अन्य सिद्धांतों को समझा जा सकता है। सगुणवाद को ही उदाहरणस्वरूप लो। जॉन स्टुअर्ट मिल ईश्वर का निर्गुणवाद समझते हैं और उसमें विश्वास भी करते हैं। वे कहते हैं, "सगुण ईश्वर को प्रमाणित नहीं किया जा सकता, वह असंभव है।" मैं इस विषय में उसके साथ एकमत हूँ, फिर भी, मैं कहता हूँ कि मनुष्य-बुद्धि से निर्गुण की जितनी दूर तक धारणा की जा सके, वही सगुण ईश्वर है। और वास्तव में निर्गुण की इन विभिन्न धारणाओं के सिवा

यह जगत् है ही क्या ? वह मानो हम लोगों के सामने एक खुली पुस्तक है, और प्रत्येक व्यक्ति अपनी-अपनी बुद्धि के अनुसार उसका पाठ कर रहा है और प्रत्येक को स्वयं ही उसका पाठ करना पड़ता है।

सबकुछ वही एकमेवाद्वितीय ब्रह्म है। पर हाँ, ब्रह्म का यह निर्गुण निरपेक्ष स्वरूप अत्यंत सूक्ष्म होने के कारण प्रेम एवं उपासना के योग्य नहीं। इसलिए भक्त ब्रह्म के सापेक्ष भाव अर्थात् परम नियंता ईश्वर को ही उपास्य के रूप में ग्रहण करता है।

जब निर्गुण ब्रह्म को हम माया के कुहरे में से देखते हैं, तो वही 'सगुण ब्रह्म' या 'ईश्वर' कहलाता है। जब हम उसे पंचेंद्रियों द्वारा पाने की चेष्टा करते हैं, तो उसे हम सगुण ब्रह्म के रूप में ही देख सकते हैं। तात्पर्य यह कि आत्मा का विषयीकरण नहीं हो सकता, आत्मा को दृश्यमान वस्तु नहीं बनाया जा सकता। ज्ञाता स्वयं अपना ज्ञेय कैसे हो सकता है ? परंतु उसका मानो प्रतिबिंब पड़ सकता है, चाहो तो इसे उसका विषयीकरण कह सकते हो। इस प्रतिबिंब का सर्वोत्कृष्ट रूप, ज्ञाता को ज्ञेय रूप में लाने का महत्तम प्रयास, यही सगुण ब्रह्म या ईश्वर है।

> ***जब निर्गुण ब्रह्म को हम माया के कुहरे में से देखते हैं, तो वही 'सगुण ब्रह्म' या 'ईश्वर' कहलाता है। जब हम उसे पंचेंद्रियों द्वारा पाने की चेष्टा करते हैं, तो उसे हम सगुण ब्रह्म के रूप में ही देख सकते हैं।***

आत्मा सनातन ज्ञाता है और हम उसे ज्ञेय रूप में ढालने का निरंतर प्रयत्न कर रहे हैं। इसी संघर्ष से इस जगत्-प्रपंच की सृष्टि हुई है, इसी प्रयत्न से जड़ पदार्थ आदि की उत्पत्ति हुई है। पर ये सब आत्मा के निम्नतम रूप हैं और आत्मा का हमारे लिए संभव सर्वोच्च ज्ञेय रूप तो वह है, जिसे हम 'ईश्वर' कहते हैं। विषयीकरण का यह प्रयास हमारे स्वयं अपने स्वरूप के प्रकटीकरण का प्रयास है।

मनुष्य एक असीम वृत्त है, जिसकी परिधि कहीं भी नहीं है, लेकिन जिसका केंद्र एक स्थान में निश्चित है और परमेश्वर एक ऐसा असीम वृत्त है, जिसकी परिधि कहीं भी नहीं है, परंतु जिसका केंद्र सर्वत्र है।

आजकल संसार ईश्वर को छोड़ रहा है, क्योंकि वह संसार के लिए पर्याप्त

कुछ कर नहीं रहा है। अत: वे कहते हैं, "उससे हमें क्या लाभ है?" क्या हमें ईश्वर का 'चिंतन' केवल एक नगरपालिका के अधिकारी के रूप में करना होगा?

ये सब प्रतीक और विधियाँ, ये प्रार्थनाएँ और ये तीर्थयात्राएँ, ये गंथ, घंटियाँ, मोमबत्तियाँ और पुरोहित, ये सब पूर्व तैयारियाँ मात्र हैं। इनसे मन का मैल दूर हो जाता है। और जब जीव शुद्ध हो जाता है तो स्वभावत: ही वह पवित्रतास्वरूप परमात्मा की ओर जाना चाहता है।

हम लोग बराबर सुनते आ रहे हैं कि प्रत्येक धर्म विश्वास करने पर बल देता है। हमने आँखें बंद करके विश्वास करने की शिक्षा पाई है। यह अंधविश्वास सचमुच ही बुरी वस्तु है, इसमें कोई संदेह नहीं। पर यदि इस अंधविश्वास का हम विश्लेषण करके देखें, तो ज्ञात होगा कि इसके पीछे एक महान् सत्य है। इसका वास्तविक अर्थ क्या है, उसी के विषय में हम इस समय पढ़ रहे हैं। मन को व्यर्थ ही तर्क द्वारा चंचल करने से काम नहीं चलेगा, क्योंकि तर्क से कभी ईश्वर की प्राप्ति नहीं हो सकती। यह प्रत्यक्ष का विषय है, तर्क का नहीं।

*ये सब प्रतीक और विधियाँ, ये प्रार्थनाएँ और ये तीर्थयात्राएँ, ये गंथ, घंटियाँ, मोमबत्तियाँ और पुरोहित, ये सब पूर्व तैयारियाँ मात्र हैं। इनसे मन का मैल दूर हो जाता है। और जब जीव शुद्ध हो जाता है तो स्वभावत: ही वह पवित्रतास्वरूप परमात्मा की ओर जाना चाहता है।*

मुझसे अनेक बार पूछा गया है, "आप क्यों इस पुराने 'ईश्वर' शब्द का व्यवहार करते हैं?" तो इसका उत्तर यह है कि हमारे उद्देश्य के लिए यही सर्वोत्तम है। इससे अच्छा और कोई शब्द नहीं मिल सकता, क्योंकि मनुष्य की सारी आशाएँ और सुख इसी एक शब्द में केंद्रित हैं। अब इस शब्द को बदलना असंभव है। इस प्रकार के शब्द पहले-पहल बड़े बड़े साधु-महात्माओं द्वारा गढ़े गए थे और वे इन शब्दों का तात्पर्य अच्छी तरह समझते थे। धीरे-धीरे जब समाज में उन शब्दों का प्रचार होने लगा, तब अज्ञ लोग भी उन शब्दों का व्यवहार करने लगे। इसका परिणाम यह हुआ कि शब्दों की महिमा घटने लगी।

स्मरणातीत काल से 'ईश्वर' शब्द का व्यवहार होता आया है। सर्वव्यापी बुद्धि का भाव तथा जो कुछ महान् और पवित्र है, सब इसी शब्द में निहित है।

यह प्रतिद्वंद्विता, निष्ठुरता, घोर अत्याचार और दिन-रात की आह, जिसे सुनकर कलेजा फट जाता है, यही हमारे संसार का हाल है। यदि यहीं ईश्वर की सृष्टि हुई तो वह ईश्वर निष्ठुर से ही बदतर है, उस शैतान से भी गया-गुजरा है, जिसकी मनुष्य ने कभी कल्पना की हो। वेदांत कहता है कि वह ईश्वर का दोष नहीं है, जो जगत् में यह पक्षपात, यह प्रतिद्वंद्विता वर्तमान है। तो किसने इसकी सृष्टि की? स्वयं हम ही ने। एक बादल सभी खेतों पर समान रूप से पानी बरसाता रहता है, पर जो खेत अच्छी तरह जोता हुआ है, वही इस वर्षा से लाभ उठाता है। एक दूसरा खेत, जो जोता नहीं गया, या जिसकी देखरेख नहीं की गई, उससे लाभ नहीं उठा सकता। यह बादल का दोष नहीं। ईश्वर की कृपा नित्य और अपरिवर्तनीय है; हमीं लोग वैषम्य के कारण हैं। लेकिन कोई जन्म से ही सुखी है और दूसरा दुखी, इस वैषम्य का कारण क्या हो सकता है? वे तो ऐसा कुछ नहीं करते, जिससे यह वैषम्य उत्पन्न हो। उत्तर यह है कि इस जन्म में न सही, पूर्वजन्म में उन्होंने अवश्य किया होगा और यह वैषम्य पूर्वजन्म के कर्मों के ही कारण हुआ है।

*वेदांत कहता है कि वह ईश्वर का दोष नहीं है, जो जगत् में यह पक्षपात, यह प्रतिद्वंद्विता वर्तमान है। तो किसने इसकी सृष्टि की? स्वयं हम ही ने। एक बादल सभी खेतों पर समान रूप से पानी बरसाता रहता है, पर जो खेत अच्छी तरह जोता हुआ है, वही इस वर्षा से लाभ उठाता है।*

प्रत्येक व्यक्ति के उच्चतम आदर्श को ही ईश्वर कहते हैं। ज्ञानी हो या अज्ञानी, साधु हो या पापी, पुरुष हो अथवा स्त्री, शिक्षित हो अथवा अशिक्षित, प्रत्येक दशा में मनुष्य मात्र का परमोच्च आदर्श ही ईश्वर है। सौंदर्य, उदात्तता और शक्ति के उच्चतम आदर्शों के योग में ही हमें प्रेममय एवं प्रेमास्पद ईश्वर का पूर्णतम भाव मिलता है।

स्वभावतः ही ये आदर्श किसी-न-किसी रूप में प्रत्येक व्यक्ति के मन में वर्तमान रहते हैं। वे मानो हमारे मन के अंग या अंश विशेष हैं। उन आदर्शों

को व्यावहारिक जीवन में परिणत करने के जो सब प्रयत्न हैं, वे ही मानवीय प्रकृति की नानाविध क्रियाओं के रूप में प्रकट होते हैं। विभिन्न जीवात्माओं में जो विविध आदर्श नीति हैं, वे बाहर आकर मूर्त रूप धारण करने की सतत चेष्टा कर रही हैं।

हमारे पास तीन वरदान हैं, प्रथम, मनुष्य देह (मनुष्य का मन ही ईश्वर का निकटतम प्रतिबिंब है, हम 'उसकी ही प्रतिमा हैं।') द्वितीय, मुक्त होने के लिए आकांक्षा। तृतीय, गुरु के रूप में एक ऐसे महात्मा की सहायता प्राप्त करना, जो स्वयं इस मोहसागर को पार कर चुका हो। इन तीनों की यदि प्राप्ति हो जाए तो भगवान् को धन्यवाद, तुम अवश्यमेव मुक्त होओगे।

केवल ईश्वर ही सत्य है। अन्य सबकुछ असत्य है। ईश्वर के लिए सभी वस्तुओं का त्याग कर देना चाहिए। सबकुछ असार है, असारों का भी असार। केवल ईश्वर और ईश्वर की ही सेवा करो। शक्तिशाली बनो, उठो और प्रेमरूपी ईश्वर की खोज करो। यही सर्वोच्च बल है। पवित्रता की शक्ति से बढ़कर और कौन सी शक्ति श्रेष्ठ हो सकती है ? प्रेम और पवित्रता ही दुनिया के शासक हैं। ईश्वर का यह प्रेम बलहीनों द्वारा प्राप्य वस्तु नहीं है। अतः दुर्बल मत बनो, शारीरिक, मानसिक, नैतिक और आध्यात्मिक, किसी भी प्रकार से।

*हमारे पास तीन वरदान हैं, प्रथम, मनुष्य देह (मनुष्य का मन ही ईश्वर का निकटतम प्रतिबिंब है, हम 'उसकी ही प्रतिमा हैं।') द्वितीय, मुक्त होने के लिए आकांक्षा। तृतीय, गुरु के रूप में एक ऐसे महात्मा की सहायता प्राप्त करना, जो स्वयं इस मोहसागर को पार कर चुका हो।*

सारा संसार ही प्रतीक है और उसके पीछे मूल तत्त्वरूप में ईश्वर विराजमान है। आज के पर्वत कल समुद्र थे और कल वहाँ पुनः समुद्र दिखलाई देगा। प्रत्येक वस्तु क्रम-परिवर्तनशील है; यह सारा विश्व ही परिवर्तनशीलता का एक पिंड है। एकमात्र ईश्वर ही ऐसा है, जिसमें परिवर्तन कभी नहीं होता। ईश्वर अनंतीकृत मानव है। ऐसा होना अनिवार्य है, क्योंकि जब तक हम मनुष्य हैं, हमें मानवीकृत ईश्वर चाहिए। ईश्वर को सत्य मानने के लिए हमें उनका प्रत्यक्ष अनुभव करना चाहिए।

स्वयं का अनुभव ही हमें इन बातों की सत्यता सिद्ध करा सकता है, तर्क-वितर्क अथवा अन्य कोई चीज नहीं। प्रत्यक्ष अनुभव ही हमारे विश्वास को पर्वत के समान दृढ़ बना सकता है।

सत्य का स्वरूप ही ऐसा है कि जो कोई उसे देख लेता है, उसे एकदम पूरा विश्वास हो जाता है। सूर्य का अस्तित्व सिद्ध करने के लिए मशाल की जरूरत नहीं होती। वह तो स्वयं ही प्रकाशमान है। परमेश्वर के अस्तित्व का प्रमाण क्या है? साक्षात्कार। प्रत्यक्ष। इस दीवार के अस्तित्व का प्रमाण यह है कि मैं इसे देखता हूँ। आज से पहले हजारों ने ईश्वर को इस तरह देखा है और आगे भी, जो चाहेंगे, उसे देख सकेंगे। पर यह प्रत्यक्षानुभूति इंद्रियों द्वारा होनेवाले अनुभव के सदृश बिल्कुल नहीं है। वह इंद्रियातीत है, वह चेतनातीत है।

यह विश्वव्यापी बुद्धि ही ईश्वर है। लोग उसी विश्वव्यापी चैतन्य को प्रभु, भगवान्, ईसा, बुद्ध या ब्रह्म कहते हैं, भौतिकतावादी उसी की शक्ति के रूप में उपलब्धि प्राप्त करते हैं एवं अज्ञेयवादी उसी को उस अनंत अनिर्वचनीय सर्वातीत पदार्थ के रूप में धारणा करते हैं और हम सब उसी के अंश हैं।

□

# 2

# स्वामी विवेकानंद का राष्ट्रवादी नेतृत्व

स्वामी विवेकानंद अद्वैत दर्शन के प्रतिपादक थे। उनके विचार जटिल थे और तत्समय की सामाजिक-राजनीतिक परिस्थितियों पर आधारित थे। तत्कालीन समाज पतन की ओर अग्रसर था और तरह-तरह के अंधविश्वासों में जकड़ा हुआ था। विवेकानंद इससे दुःखी और परेशान थे। अंग्रेज औपनिवेशिक शासन के कुप्रभावों से भी वे अनजान नहीं थे।

स्वामी विवेकानंद हिंदू धर्म में सुधार लाना चाहते थे और हिंदुओं में गर्व और आत्मविश्वास का भाव उत्पन्न करना चाहते थे। हिंदू धर्म एक ओर रूढ़िवादिता और दूसरी ओर अंग्रेजों द्वारा देश पर पश्चिमी विचार थोपे जाने से पीड़ित था। विवेकानंद का सबसे बड़ा योगदान यह था कि उन्होंने औपनिवेशिक शासन से मुक्ति के लिए संघर्ष को आध्यात्मिक आधार दिया और नैतिक व सामाजिक दृष्टि से हिंदू समाज के उत्थान के लिए काम किया।

विवेकानंद राष्ट्रवादी थे, परंतु उनका राष्ट्रवाद, समावेशी और करुणामय था। जब भी वे देश के भ्रमण पर निकलते, घोर गरीबी, अज्ञानता और सामाजिक असमानताओं को देखकर दुःखी हो जाते। वे भारत के लोगों को एक नई ऊर्जा से भर देना चाहते थे। वे चाहते थे कि अध्यात्म, त्याग और सेवाभाव को राष्ट्रवाद का हिस्सा बनाया जाए। उन्होंने भारत के लिए एक आध्यात्मिक लक्ष्य निर्धारित किया।

उन्होंने लिखा, "हर राष्ट्र की एक नियति होती है, जिसको वह प्राप्त होता है। हर राष्ट्र के पास एक संदेश होता है, जो उसे पहुँचाना होता है। हर राष्ट्र का एक मिशन होता है, जिसे उसे हासिल करना होता है। हमें हमारी नस्ल का मिशन

समझना होगा। उस नियति को समझना होगा, जिसे हमें पाना है। राष्ट्रों में हमारा क्या स्थान हो, हमें वह समझना होगा और विभिन्न नस्लों के बीच सौहार्द बढ़ाने में हमारी भूमिका को जानना होगा।" विवेकानंद का राष्ट्रवाद, मानवतावादी और सार्वभौमिक था। वह संकीर्ण या आक्रामक नहीं था। वे राष्ट्र को सौहार्द और शांति की ओर ले जाना चाहते थे। वे मानते थे कि केवल ब्रिटिश संसद् द्वारा प्रस्ताव पारित कर देने से भारत स्वाधीन नहीं हो जाएगा। यह स्वाधीनता अर्थहीन होगी, अगर भारतीय उसकी कीमत नहीं समझेंगे और उसके लिए तैयार नहीं होंगे। भारत के लोगों को स्वाधीनता के लिए तैयार रहना होगा।

विवेकानंद 'मनुष्यों के निर्माण में विश्वास' रखते थे। इससे उनका आशय था शिक्षा के जरिए विद्यार्थियों में सनातन मूल्यों के प्रति आस्था पैदा करना। ये मूल्य एक मजबूत चरित्रवाले नागरिक और एक अच्छे मनुष्य की नींव बनते। ऐसा व्यक्ति अपनी और अपने देश की मुक्ति के लिए संघर्ष करता। विवेकानंद की मान्यता थी कि शिक्षा आत्मनिर्भरता और वैश्विक बंधुत्व को बढ़ावा देने का जरिया होनी चाहिए।

*विवेकानंद 'मनुष्यों के निर्माण में विश्वास' रखते थे। इससे उनका आशय था शिक्षा के जरिए विद्यार्थियों में सनातन मूल्यों के प्रति आस्था पैदा करना। ये मूल्य एक मजबूत चरित्रवाले नागरिक और एक अच्छे मनुष्य की नींव बनते।*

विवेकानंद एक धर्मनिष्ठ हिंदू थे और आध्यात्मिकता के रास्ते राष्ट्रवाद की ओर बढ़ने में विश्वास रखते थे।

विवेकानंद न केवल यह स्वीकार करते हैं कि भारत में विभिन्न धर्मों का सहअस्तित्व है, बल्कि वे यह भी कहते हैं कि ऐसा होना वांछित और उचित है। शिकागो में आयोजित विश्व धर्म-संसद् को संबोधित करते हुए उन्होंने कहा—

"धार्मिक एकता का साँझा आधार क्या हो, इस पर बहुत-कुछ कहा जा चुका है। इस संबंध में मैं अपना सिद्धांत प्रस्तुत करने नहीं जा रहा हूँ। परंतु अगर यहाँ मौजूद लोगों में से कोई यह मानता है कि यह एकता किसी एक धर्म की जीत और अन्य धर्मों के विनाश से स्थापित होगी तो मैं उससे यही कहूँगा कि 'बंधु, तुम एक कभी न पूरी होनेवाली आशा पाले बैठे हो।'

"न तो ईसाई को हिंदू या बौद्ध बनने की जरूरत है और न ही हिंदू और बौद्ध को ईसाई बनने की। परंतु इन सभी को अन्य धर्मों की मूल आत्मा को आत्मसात् करना होगा और इसके साथ-साथ, अपनी वैयक्तिकता को भी सुरक्षित रखना होगा। अगर विश्व धर्म-संसद् ने दुनिया को कुछ दिखाया है तो वह यह है—इसने दुनिया को यह साबित किया है कि शुचिता, पवित्रता और परोपकार पर दुनिया के किसी चर्च का एकाधिकार नहीं है और हर धर्म ने उदात्त चरित्रवाले पुरुषों और महिलाओं को जन्म दिया है।

"इस प्रमाण के बावजूद, यदि कोई यह सपना देखता है कि केवल उसका धर्म जिंदा रहेगा और अन्य धर्म नष्ट हो जाएँगे तो मैं अपने दिल की गहराई से उस पर दया करता हूँ। मैं उससे कहना चाहता हूँ कि जल्दी ही विरोध के बावजूद, हर धर्म के झंडे पर यह लिखा होगा 'मदद करो, लड़ो मत', 'आत्मसात् करो, विध्वंस न करो', 'सौहार्द और शांति, न कि कलह और मतभेद'।"

इस तरह, वे यह मानते थे कि सभी धर्मों के नैतिक मूल्य एक-से होते हैं। वे यह भी मानते थे कि एक-दूसरे से सीखकर सभी धर्म एक साथ आगे बढ़ सकते हैं। वे यह भी मानते थे कि सभी धर्मों के अनुयायियों में उच्च चरित्र के अच्छे मनुष्य हैं। दूसरे शब्दों में, हर धर्म अच्छे व्यक्तियों को जन्म देता है।

***इस तरह, वे यह मानते थे कि सभी धर्मों के नैतिक मूल्य एक-से होते हैं। वे यह भी मानते थे कि एक-दूसरे से सीखकर सभी धर्म एक साथ आगे बढ़ सकते हैं। वे यह भी मानते थे कि सभी धर्मों के अनुयायियों में उच्च चरित्र के अच्छे मनुष्य हैं।***

विवेकानंद कहते थे कि विभिन्न धर्मों के प्रतीक भले ही अलग-अलग हों, परंतु उनका सार एक ही है। वे जोर देकर कहते थे कि विशेषकर हिंदू धर्म ने इस विविधता को मान्यता दी है और इस यथार्थ को समझा है।

"विविधता में एकता प्रकृति का नियम है और हिंदू ने उसे जान लिया है। अन्य सभी धर्म कुछ विशेष रूढ़ियाँ प्रतिपादित करते हैं और समाज को उन्हें अपनाने पर मजबूर करते हैं। वे समाज के सामने एक कोट रखते हैं, जो जैक,

जॉन और हैनरी, तीनों को फिट आना चाहिए। अगर जॉन या हैनरी को कोट फिट नहीं आता तो उन्हें बिना कोट के ही रहना होगा। हिंदुओं को यह अहसास है कि परम को पाने, उसके बारे में विचार करने या उसके बारे में बताने के लिए सापेक्षता जरूरी है। और यह भी कि ईश्वर की मूर्तियाँ, क्रॉस और अर्धचंद्र, केवल प्रतीक हैं—वे ऐसे खूँटे हैं, जिन पर आध्यात्मिक विचार टाँगे जा सकते हैं।

"हिंदू के लिए धर्मों की दुनिया एक ऐसी जगह है, जहाँ महिला और पुरुष अलग-अलग परिस्थितियों से गुजरते हुए एक ही लक्ष्य की ओर बढ़ रहे हैं। हर धर्म मनुष्य से ईश्वर का विकास करना चाहता है और वही ईश्वर धर्मों का प्रेरणास्रोत है। फिर इतने विरोधाभास क्यों हैं? हिंदू के लिए ये केवल आभासी हैं। ये विरोधाभास इसलिए हैं, क्योंकि वही सत्य अलग-अलग परिस्थितियों में अलग-अलग रूप ले लेता है।"

वे लिखते हैं—

"चाहे हम उसे वेदांतवाद कहें या कोई और वाद, परंतु सच यह है कि अद्वैतवाद, धर्म के मामले में अंतिम सत्य है। वह हमें सभी धर्मों और पंथों के प्रति प्रेम रखना सिखाता है। मैं मानता हूँ कि यही भविष्य की प्रबुद्ध मानवता का धर्म होगा। हिंदुओं को अन्य नस्लों के मुकाबले, इस सत्य तक पहले पहुँचने का श्रेय दिया जा सकता है, परंतु इसका कारण यह है कि हिंदू यहूदी या अरब की तुलना में अधिक पुरानी नस्ल है। परंतु यह मानना गलत होगा कि पूरी मानवता को एक मानने का विचार केवल हिंदू है।

*हिंदुओं को यह अहसास है कि परम को पाने, उसके बारे में विचार करने या उसके बारे में बताने के लिए सापेक्षता जरूरी है। और यह भी कि ईश्वर की मूर्तियाँ, क्रॉस और अर्ध-चंद्र, केवल प्रतीक हैं—वे ऐसे खूँटे हैं, जिन पर आध्यात्मिक विचार टाँगे जा सकते हैं।*

"हम मानवता को ऐसी जगह ले जाना चाहते हैं, जहाँ न वेद हों, न बाइबल और न ही कुरान। परंतु यह वेद, बाइबल और कुरान के सामंजस्य से ही किया जा सकता है। मानवता को हमें यह सिखाना होगा कि विभिन्न धर्म एक ही धर्म की अलग-अलग अभिव्यक्तियाँ हैं।"

विवेकानंद सेवा करने की शिक्षा देते थे। गरीबों और दबे-कुचलों की सेवा उनके जीवन का लक्ष्य था। यही कारण है कि वे पहले हिंदू मिशनरी कहे जाते हैं। उनका मूल संदेश यह था कि जाति, वर्ग या लिंग के भेद के बिना, सभी की सेवा की जाए। वे मानते थे कि हर मनुष्य में ईश्वर का वास है। दूसरों की सेवा करने से मानववाद मजबूत होता है। वे यह मानते थे कि गरीबों की सेवा किए बगैर राष्ट्र निर्माण नहीं हो सकता। वे मनुष्य की स्वार्थी और आत्मकेंद्रित प्रवृत्तियों के खिलाफ थे। वे सभी तरह के शोषण के विरोधी थे।

कुल मिलाकर, विवेकानंद के दर्शन को हम मानववाद का नेतृत्व कह सकते हैं।

विवेकानंद चाहते थे कि भारतीय अच्छे मनुष्य बनें। वे उदार हों, दयालु हों, दूसरों से प्रेम करें, सभी को गले लगाने के लिए तैयार हों और उनका व्यवहार गरिमापूर्ण हो। उन्होंने भारतीयों में ये उदार और सार्वभौमिक मूल्य उत्पन्न करने के लिए हिंदू धर्म को चुना। हिंदू धर्म को उस समय औपनिवेशिक सत्ता के साथ-साथ जाति प्रथा और रूढ़िवादिता से भी जूझना था। ऐसा लग सकता है कि विवेकानंद हिंदू धर्म को अन्य धर्मों से श्रेष्ठ मानते थे। परंतु उनका मूल संदेश समावेशिता का है। सभी धर्मों की मूल एकता की जो बात वे करते थे, वह आज की परिस्थितियों में, जब मनुष्य मनुष्य का दुश्मन बन गया है, एक मरहम का काम कर सकती है। उनका भारत और उनका राष्ट्रवाद, दूसरों के प्रति घृणा नहीं फैलाता।

□

3

# नेतृत्वकर्ता की दिशा हमेशा सकारात्मक हो

समृद्धि एक महान् शिक्षक है। नेतृत्व और विपत्ति उससे भी महान् हैं। नेतृत्वकर्ता का कार्य प्रजा के हितों का कृत्य करना होता है। नेतृत्व एक ऐसी कला है, जो सहज तो है, किंतु यदि सहज समझा जाए तो अत्यंत कठिन हो सकता है। हमने कई महान् हस्तियों के नेतृत्व की गाथा सुनी है। समाज की अज्ञानता के अंधकार को ज्ञान से प्रकाशित करनेवाले महात्मा बुद्ध या फिर स्वतंत्रता संग्राम का नेतृत्व करनेवाले महात्मा गांधी की या फिर युवाओं के विकास की बागडोर सँभालनेवाले स्वामी विवेकानंद की। इन सभी के कार्यों में एक समानता होती है, आज्ञाकारी भाव की। ये सभी अपने गुरुओं के प्रति निष्ठावान और आज्ञाकारी थे। उक्त बातें छात्राओं ने कही।

स्वामी विवेकानंद ने कहा है कि नेतृत्व की दिशा हमेशा सकारात्मक होनी चाहिए। नेता चाहे तो स्वामी विवेकानंद बन सकता है या चाहे तो ओसामा बिन लादेन। स्वामी विवेकानंद बनाने में अहम भूमिका होती है आज्ञाकारी भाव या अनुशासन की। इन्हीं भावों के आधार पर व्यक्ति समाज और देश का विकास कर सकता है।

## नेतृत्वकर्ता के गुण

स्वामी विवेकानंद के अनुसार, संप्रेषण एक ऐसा साधन है, जिसके द्वारा एक व्यक्ति अपने अंदर के हाव-भाव को दूसरों के सामने रखता है। यह किसी भी तरीके से हो सकता है, चाहे वह लिखकर हो, चाहे वह बोलकर किया जाए।

भाषण के लिए सबसे ज्यादा क्या जरूरी होता है, आपका संचार कैसा है, आपके बात करने का तरीका कैसा है, आप अपनी बात को लोगों के सामने रखते कैसे हैं। जब तक आपकी संप्रेषण की स्किल अच्छी नहीं होगी, तब तक आप एक अच्छे नेता नहीं बन पाएँगे।

नेता अपनी संप्रेषण की क्षमता का उपयोग लोगों को अपनी ओर खींचने के लिए करते हैं, जिससे जनता का विश्वास उनपर हो और चुनाव में वोट उनके ही हिस्से में पड़े। एक व्यापारी भी यही चाहता है कि वह लोगों को अपने उत्पाद और सेवा की तरफ कैसे खींचे, जिससे उसके उत्पाद की बिक्री बढ़े।

स्वामी विवेकानंद ने तीन भविष्यवाणी की थीं। सर्वप्रथम 1890 के दशक में उन्होंने कहा था कि भारत अकल्पनीय परिस्थितियों के बीच अगले 50 वर्षों में ही स्वाधीन हो जाएगा। जब उन्होंने यह बात कही, तब कुछ लोगों ने इस पर ध्यान दिया। उस समय ऐसा होने की कोई संभावना भी नहीं दिख रही थी। अधिकांश लोग अंग्रेजों द्वारा शिक्षित होकर संतुष्ट थे। उन दिनों लोगों में शायद ही कोई राजनीतिक चेतना दिखाई पड़ती थी। उनमें राजनीतिक स्वाधीनता की कोई धारणा नहीं थी। ऐसी पृष्ठभूमि में स्वामी विवेकानंद ने भविष्यवाणी की कि भारत अगले 50 वर्षों में स्वाधीन हो जाएगा और यह सत्य सिद्ध हुई।

> ***स्वामी विवेकानंद ने तीन भविष्यवाणी की थीं। सर्वप्रथम 1890 के दशक में उन्होंने कहा था कि भारत अकल्पनीय परिस्थितियों के बीच अगले 50 वर्षों में ही स्वाधीन हो जाएगा। जब उन्होंने यह बात कही, तब कुछ लोगों ने इस पर ध्यान दिया।***

## भारत विश्वगुरु

स्वामी विवेकानंद इतिहास के अच्छे अध्येता थे और ऐतिहासिक शक्तियों के विषय में उनकी अंतर्दृष्टि बहुत गहरी थी। विवेकानंद ने ही एक और भविष्यवाणी की थी, जिसका सत्य सिद्ध होना शेष है। उन्होंने कहा था भारत एक बार फिर समृद्धि तथा शक्ति की महान् ऊँचाइयों पर उठेगा और अपने समस्त प्राचीन गौरव को पीछे छोड़ जाएगा। स्वामी विवेकानंद ने कहा था कि भारत का विश्वगुरु

बनना केवल भारत ही नहीं, अपितु विश्व के हित में है। विवेकानंद ने कहा था कि समाज का नेतृत्व चाहे विद्या बल से प्राप्त हुआ हो, चाहे बाहुबल से, पर शक्ति का आधार जनता ही होती है। उनका मानना था कि प्रजा से शासक वर्ग जितना ही अलग रहेगा, वह उतनी ही दुर्बल होगी। हमें नहीं भूलना चाहिए कि यथार्थ भारत झोंपड़ी में बसता है, गाँव में बसता है। इसलिए भारत की उन्नति भी झोंपड़ी और गाँव में रहनेवाली आम जनता की प्रगति पर निर्भर है। हमारा पहला कर्तव्य दीन-हीन, निर्धन, निरक्षर, किसानों तथा श्रमिकों के चिंतन का है। उनके लिए सब करने के उपरांत ही संबंधों की बारी आनी चाहिए। स्वामी विवेकानंद ने कहा है कि अतीत से ही भविष्य बनता है। अत: यथासंभव अतीत की ओर देखें, उसके बाद सामने देखें और भारत को शिखर तक पहले से अधिक पहुँचाओ। हमारे पूर्वज महान् थे। हम भारत के गौरवशाली अतीत का जितना ही अध्ययन करेंगे, हमारा भविष्य उतना ही उज्ज्वल होगा। भारत में श्रीराम, कृष्ण, महावीर, हनुमान तथा श्रीरामकृष्ण जैसे अनेक इष्ट और महापुरुषों के आदर्श उपस्थित हैं।

***हम भारत के गौरवशाली अतीत का जितना ही अध्ययन करेंगे, हमारा भविष्य उतना ही उज्ज्वल होगा। भारत में श्रीराम, कृष्ण, महावीर, हनुमान तथा श्रीरामकृष्ण जैसे अनेक इष्ट और महापुरुषों के आदर्श उपस्थित हैं।***

स्वामी विवेकानंद ने कहा है कि धर्म को हानि पहुँचाए बिना ही जनता की उन्नति की जा सकती है। किसी को आदर्श बना लें, यदि आप धर्म को फेंककर राजनीति, समाजनीति अथवा अन्य किसी दूसरी नीति को जीवन शक्ति का केंद्र बनाने में सफल हो जाएँ तो उसका फल यह होगा कि आपका अस्तित्व नहीं रह जाएगा।

भारत में हजारों वर्षों से धार्मिक आदर्श की धारा प्रवाहित हो रही है। भारत का वायुमंडल इस धार्मिक आदर्श से शताब्दी तक पूर्ण रहकर जगमगाता रहा है। हम इसी धार्मिक आदर्श के भीतर पैदा हुए और पले हैं। यहाँ तक कि धर्म हमारे जन्म से ही हमारे रक्त में मिल गया है, जीवन शक्ति बन गया है। यह धर्म ही है, जो हमें सिखाता है कि संसार के सारे प्राणी हमारी आत्मा के विभिन्न रूप ही हैं। सच्चाई यह भी है कि हमारे लोगों ने धर्म को समाज में सही रूप में उपयोग भी

नहीं किया है। अतः भारत में किसी प्रकार का सुधार या उन्नति की चेष्टा करने से पहले धर्म को अपनाने की आवश्यकता है। भारत को राजनीतिक विचारों से प्रेरित करने से पहले जरूरी है कि उसमें आध्यात्मिक विचारों की बाढ़ ला दी जाए।

## शिक्षा मूलभूत आवश्यकता

स्वामी विवेकानंद ने कहा है कि जिस राज्य की जनता में विद्या, बुद्धि का जितना अधिक प्रचार है, वह राष्ट्र उतना ही उन्नत है। यदि हमें उन्नति करनी है तो हमको उसी मार्ग पर चलना होगा, अर्थात् जनता में विद्या का प्रचार करना होगा। भारत के लोगों को यदि आत्मनिर्भर बनने की शिक्षा नहीं दी जाएगी, तो सारे संसार की दौलत से भारत के एक छोटे से गाँव को भी सहायता नहीं की जा सकती। नैतिक तथा बौद्धिक दोनों ही प्रकार की शिक्षा प्रदान करना हमारा पहला कार्य होना चाहिए।

स्वामी विवेकानंद ने कहा है—देशभक्त बनो! जिस राष्ट्र ने अतीत में हमारे लिए इतने बड़े-बड़े काम किए हैं, उसे प्राणों से भी प्यारा समझो। क्या तुम यह अनुभव करते हो कि ज्ञान के काले बादल ने सारे भारत को ढक लिया है। यह सोचकर क्या तुमको बेचैनी नहीं होती है। क्या इस सोच ने तुम्हारी निद्रा छीन ली है कि भारत के लोग दुःखी हैं, यदि हाँ तो फिर तुम देशभक्त बनने की पहली सीढ़ी पार कर गए हो। यदि तुमने केवल व्यर्थ की बातों में शक्ति क्षीण करके इस दुर्दशा के निवारण हेतु कोई यथार्थ कर्तव्य पथ निश्चित किया है। यदि तुम पर्वताकार विघ्न बाधाओं को लाँघकर राष्ट्र कार्य करने के लिए तैयार हो तो सारी दुनिया विरोध में खड़ी हो जाए तो भी निडरता के साथ सत्व की रक्षा के लिए खड़े रहना और संगी साथियों के छोड़ जाने पर भी अभी तुम राष्ट्रोत्थान के अपने लक्ष्य की ओर बढ़ते रहोगे तो

> ***स्वामी विवेकानंद ने कहा है—देशभक्त बनो! जिस राष्ट्र ने अतीत में हमारे लिए इतने बड़े-बड़े काम किए हैं, उसे प्राणों से भी प्यारा समझो। क्या तुम यह अनुभव करते हो कि ज्ञान के काले बादल ने सारे भारत को ढक लिया है। यह सोचकर क्या तुमको बेचैनी नहीं होती है।***

यह तीसरी सफलता है। इन बातों से युक्त विश्वासी युवा देशभक्तों की आज भारत को आवश्यकता है।

स्वामीजी का स्वप्न था कि उन्हें 1000 तेजस्वी युवा मिल जाएँ तो वे भारत को विश्व शिखर पर पहुँचा सकते हैं। मेरा विश्वास युवा पीढ़ी, नई पीढ़ी में है। मेरे कार्यकर्ता इनमें से आएँगे और वे सिंहों की भाँति समस्याओं का हल निकालेंगे। ऐसे युवाओं में और किसी बात की जरूरत नहीं है। बस केवल प्रेम, सेवा, आत्मविश्वास, धैर्य और राष्ट्र के प्रति असीम श्रद्धा होनी चाहिए।

नेतृत्व में हिस्से की पैरवी करते हुए स्वामी विवेकानंद कहते हैं कि स्त्रियों की पूजा करके ही सभी राष्ट्र बड़े बने हैं। जिस देश में स्त्रियों की पूजा नहीं होती, वह देश या राष्ट्र कभी बड़ा नहीं बन सका है और भविष्य में कभी बड़ा भी नहीं बन सकेगा। नौ देवियों, लक्ष्मी और सरस्वती को माँ मानकर पूजनेवाले, सीता जैसे आदर्श की गाथा घर-घर में गानेवाले, यत्र नार्यस्तु पूज्यन्ते रमन्ते तत्र देवता को हृदय में बसानेवाले भारत में नारी को यथोचित सम्मान प्राप्त होना चाहिए। यदि हम देश की तरक्की चाहते हैं तो सबसे पहले अपनी सोच को बदलकर नारी जागरण और उत्कर्ष पर चिंतन और त्वरित क्रियाशीलता दिखानी भी होगी। ग्रामीण आदिवासी स्त्रियों की वर्तमान दशा में उद्धार करना होगा, आम जनता को जगाना होगा, तभी तो भारतवर्ष का कल्याण होगा। अपनी आध्यात्मिकता और दार्शनिकता से हमें जगत् को जीतना होगा। संसार में मानवता को जीवित रखने का और कोई उपाय नहीं है।

*स्वामीजी का स्वप्न था कि उन्हें 1000 तेजस्वी युवा मिल जाएँ तो वे भारत को विश्व शिखर पर पहुँचा सकते हैं। मेरा विश्वास युवा पीढ़ी, नई पीढ़ी में है। मेरे कार्यकर्ता इनमें से आएँगे और वे सिंहों की भाँति समस्याओं का हल निकालेंगे। ऐसे युवाओं में और किसी बात की जरूरत नहीं है।*

□

4

# दुःख-चक्र से बाहर निकलना

हमने देखा कि हम अपने दुःखों को दूर करने की कितनी ही चेष्टा क्यों न करें, परंतु फिर भी हमारे जीवन का अधिकांश भाग अवश्यमेव दुःखपूर्ण रहेगा। और यह दुःख-राशि वास्तव में हमारे लिए एक प्रकार से अनंत है। हम अनादि काल से इस दुःख को दूर करने के लिए जितने ही उपाय निकालते हैं, उतना ही हम देखते हैं कि जगत् में और भी कितना दुःख गुप्त भाव से विद्यमान है। हमने यह भी देखा कि सभी धर्म कहते हैं—इस दुःख-चक्र से बाहर निकलने का एकमात्र उपाय है ईश्वर। सभी धर्म कहते हैं, जैसा इस युग में व्यावहारिक लोग हमें मानने की सलाह देते हैं कि यदि संसार को उसके परिदृश्यमान रूप में ही ग्रहण कर लिया जाए, तो फिर दुःख के सिवा और कुछ न रहेगा। वे यह भी कहते हैं—इस जगत् का अतीत और भी कुछ है। यह पंचेंद्रिय-ग्राह्य जीवन, यह भौतिक जीवन ही सबकुछ नहीं है—यह तो केवल एक लघु अंशमात्र है, सतही मात्र है। इसके पीछे, इसके परे वह अनंत विद्यमान है, जहाँ दुःख का लेशमात्र भी नहीं। उसे कोई गॉड, कोई अल्लाह, कोई जिहोवा और कोई और कुछ कहता है। वेदांती उसे ब्रह्म कहते हैं।

सभी धर्मों के उपदेशों से साधारणतः मन में यही भावना उदित होती है कि शायद आत्महत्या करना ही श्रेयस्कर है। जीवन के दुःखों का प्रतिकार क्या है? इस प्रश्न का तो उत्तर दिया जाता है, उससे तो आपाततः यही होता है कि जीवन का त्याग कर देना ही इसका एकमात्र उपाय है। उत्तर से मुझे एक प्राचीन कथा याद आती है। किसी के मुँह पर मच्छर बैठा था। उसके एक मित्र ने उस मच्छर

को मारने के लिए इतनी जोर से घूँसा मारा कि मच्छर के साथ ही वह मनुष्य भी मर गया। दुःख के प्रतिकार का उपाय भी मानो ठीक इसी प्रकार का संकेत देता है। जीवन और जगत् दुःखमय है, यह एक ऐसा तथ्य है, जिसे जगत् को जानने का साहस करनेवाला कोई व्यक्ति अस्वीकार नहीं कर सकता।

किंतु संसार के समस्त धर्म इसका क्या प्रतिकार बताते हैं? वे कहते हैं कि यह संसार कुछ नहीं है, इस संसार के बाहर ऐसा कुछ है, जो वास्तविक सत्य है। यहीं पर कठिनाई प्रारंभ होती है। यह उपाय तो मानो हमें अपना सबकुछ नष्ट करके फेंक देने का उपदेश देता है। तब फिर यह प्रतिकार का उपाय कैसे होगा? तब क्या कोई उपाय नहीं है? एक उपाय और भी बतलाया जाता है। वह यह है—वेदांत कहता है, विभिन्न धर्म जो कुछ कहते हैं, सब सत्य है, पर इसका ठीक-ठीक अर्थ समझ लेना होगा। बहुधा लोग धर्मों के उपदेशों को गलत समझ लेते हैं और धर्म भी अपने अर्थ को स्पष्ट रूप से प्रकट नहीं करते। मस्तिष्क एवं हृदय दोनों की ही हमें आवश्यकता है। अवश्य हृदय बहुत श्रेष्ठ है—हृदय के माध्यम से ही जीवन को उच्च पथ पर ले जानेवाली महान् प्रेरणाएँ आती हैं। मस्तिष्कवान्, लेकिन हृदयशून्य होने की अपेक्षा मैं तो यह सौ बार पसंद करूँगा कि मेरे कुछ भी मस्तिष्क न हो, पर थोड़ा सा हृदय हो। जिसके हृदय है, उसी का जीवन संभव है, उसी की उन्नति संभव है; किंतु जिसके तनिक भी हृदय नहीं, केवल मस्तिष्क है, वह सूखकर मर जाता है।

*दुःख के प्रतिकार का उपाय भी मानो ठीक इसी प्रकार का संकेत देता है। जीवन और जगत् दुःखमय है, यह एक ऐसा तथ्य है, जिसे जगत् को जानने का साहस करनेवाला कोई व्यक्ति अस्वीकार नहीं कर सकता।*

परंतु हम यह भी जानते हैं कि जो केवल अपने हृदय द्वारा परिचालित होते हैं, उन्हें अनेक कष्ट भोगने पड़ते हैं, क्योंकि प्रायः ही उनके भ्रम में पड़ने की संभावना रहती है। हमको चाहिए—हृदय और मस्तिष्क का समन्वय। मेरे कहने का अर्थ यह नहीं है कि हृदय के लिए मस्तिष्क को और मस्तिष्क के लिए हृदय को हानि पहुँचाएँ। वरन् प्रत्येक व्यक्ति का हृदय अनंत हो और साथ-ही साथ

उसमें अनंत परिमाण में विचार-बुद्धि भी रहे। इस संसार में हम जो कुछ चाहते हैं, उसकी क्या कोई सीमा है ? क्या संसार अनंत नहीं है ? यहाँ तो अनंत परिमाण में भावना के (हृदय के) विकास के लिए और उसके साथ-साथ अनंत परिमाण में बुद्धि और संस्कृति के लिए अवकाश है। वे दोनों अनंत परिमाण में आएँ—वे दोनों समानांतर रेखा में साथ-साथ विस्तृत होते रहें।

अधिकांश धर्म तथ्य तो समझते हैं, पर ज्ञात होता है कि सभी एक भ्रम में पड़ जाते हैं, वे सभी हृदय द्वारा, भावनाओं द्वारा परिचालित होते हैं। संसार में दुःख है, अतएव इसका त्याग कर दो, यह बहुत अच्छा उपदेश—एकमात्र उपदेश है, इसमें संदेह नहीं। 'संसार का त्याग करो!' इस विषय में कोई दो मत नहीं हो सकते कि सत्य को जानने के लिए असत्य का त्याग करना होगा, अच्छी वस्तु पाने के लिए बुरी वस्तु का त्याग करना होगा, जीवन प्राप्त करने के लिए मृत्यु का त्याग करना होगा। पर यदि इस मतवाद का यही तात्पर्य हो कि हम जिसे जीवन नाम से समझते हैं, उस पंचेंद्रियगत जीवन का त्याग करना होगा, तब फिर हमारे पास क्या शेष रहा ? और जीवन का अर्थ भी क्या है ? यदि हम उसे त्याग दें, तो क्या बच रहता है ? जब हम वेदांत के दार्शनिक अंश की आलोचना करेंगे, तो हम इस तत्त्व को और भी अच्छी तरह समझ सकेंगे, पर अभी मैं इतना ही कहना चाहता हूँ कि केवल वेदांत में इस समस्या की युक्तिसंगत मीमांसा मिलती है। यहाँ पर मैं वेदांत का वास्तविक उपदेश क्या है, यही कहूँगा। वेदांत शिक्षा देता है—'जगत् को ब्रह्मस्वरूप देखो।'

*संसार में दुःख है, अतएव इसका त्याग कर दो, यह बहुत अच्छा उपदेश—एकमात्र उपदेश है, इसमें संदेह नहीं। 'संसार का त्याग करो!' इस विषय में कोई दो मत नहीं हो सकते कि सत्य को जानने के लिए असत्य का त्याग करना होगा, अच्छी वस्तु पाने के लिए बुरी वस्तु का त्याग करना होगा, जीवन प्राप्त करने के लिए मृत्यु का त्याग करना होगा।*

वेदांत वास्तव में जगत् को एकदम उड़ा नहीं देना चाहता। यह ठीक है कि वेदांत में जिस प्रकार चूड़ांत वैराग्य का उपदेश है, उस प्रकार और कहीं भी नहीं है, पर इस वैराग्य का अर्थ आत्महत्या नहीं है,

अपने को सुखा डालना नहीं है। वेदांत में वैराग्य का अर्थ है जगत् को ब्रह्मरूप देखना—जगत् को हम जिस भाव से देखते हैं, उसे हम जैसा जानते हैं, वह जैसा हमारे सम्मुख प्रतिभास होता है, उसका त्याग करना और उसके वास्तविक स्वरूप को पहचानना। उसे ब्रह्मस्वरूप देखो—वास्तव में वह ब्रह्म के अतिरिक्त और कुछ भी नहीं है; इसी कारण सबसे प्राचीन उपनिषद् में हम देखते हैं, 'ईशावास्यमिदं सर्वं यत्किंच जगत्यां जगत्'—"जगत् में जो कुछ है, वह सब ईश्वर से ढक लेना होगा।"

समस्त जगत् को ईश्वर से ढक लेना होगा। यह किसी मिथ्या आशावादिता से नहीं, जगत् के अशुभ और दुःख-कष्ट के प्रति आँखें मीचकर नहीं, वरन् वास्तविक रूप से प्रत्येक वस्तु के भीतर ईश्वर के दर्शन द्वारा करना होगा। इसी प्रकार हमें संसार का त्याग करना होगा। और जब संसार का त्याग कर दिया, तो शेष क्या रहा? ईश्वर। इस उपदेश का तात्पर्य क्या है? यही कि तुम्हारी पत्नी भी रहे, उससे कोई हानि नहीं, उसको छोड़कर जाना नहीं होगा, वरन् पत्नी में तुम्हें ईश्वर-दर्शन करना होगा। संतान का त्याग करो—इसका क्या अर्थ है? क्या बाल-बच्चों को लेकर रास्ते में फेंक देना होगा, जैसा कि सभी देशों में कुछ नर-पशु करते हैं? नहीं, कभी नहीं! वह तो पैशाचिक कांड है—वह धर्म नहीं है। तो फिर क्या? उनमें ईश्वर का दर्शन करो। इसी प्रकार सभी वस्तुओं के संबंध में जानो। जीवन में, मरण में, सुख में, दुःख में—सभी अवस्थाओं में ईश्वर समान रूप से विद्यमान है। केवल आँखें खोलकर उनके दर्शन करो। वेदांत यही कहता है, तुमने जगत् की जिस रूप में कल्पना कर रखी है, उसे छोड़ो, क्योंकि तुम्हारी कल्पना अत्यंत आशंक अनुभूति पर—क्षीण तर्क और युक्ति पर, तुम्हारी अपनी दुर्बलता पर आधारित है। उसे त्याग दो; हम इतने दिन जगत् को जैसा सोचते थे, इतने दिन जिसमें अत्यंत

*इसी प्रकार हमें संसार का त्याग करना होगा। और जब संसार का त्याग कर दिया, तो शेष क्या रहा? ईश्वर। इस उपदेश का तात्पर्य क्या है? यही कि तुम्हारी पत्नी भी रहे, उससे कोई हानि नहीं, उसको छोड़कर जाना नहीं होगा, वरन् पत्नी में तुम्हें ईश्वर दर्शन करना होगा।*

आसक्त थे, वह तो हमारे द्वारा रचित एक मिथ्या जगत् है—उसको छोड़ो। आँखें खोलकर देखो, हम अब तक जिस रूप में जगत् को देख रहे थे, वास्तव में उसका अस्तित्व वैसा कभी नहीं था—वह स्वप्न था, माया थी। जो था, वह था एकमात्र प्रभु। वे ही संतान के भीतर, वे ही पत्नी में, वे ही पति में, वे ही अच्छे में, वे ही बुरे में, वे ही पाप में, वे ही पापी में, वे ही हत्याचारी में, वे ही जीवन में और वे ही मरण में वर्तमान हैं।

यह कथन अवश्य ही भयानक है, किंतु वेदांत इसी को प्रमाणित करना, इसी की शिक्षा देना और प्रचार करना चाहता है। इसी विषय को लेकर वेदांत का प्रारंभ होता है।

हम बस इस प्रकार सर्वत्र ब्रह्म-दर्शन करके ही जीवन की विपत्तियों और दुःखों को टाल सकते हैं। कुछ इच्छा मत करो। कौन हमें दुःखी करता है ? हम जो कुछ दुःख-भोग करते हैं, वह वासना से ही उत्पन्न होता है। मान लो, तुम्हें कुछ चाहिए और जब वह पूरा नहीं होता, तो फल होता है—दुःख। यदि इच्छा न रहे, तो दुःख भी नहीं होगा। यहाँ भी मुझे गलत समझ लेने की आशंका है, अतः यह स्पष्ट कर देना आवश्यक है कि वासनाओं, इच्छाओं के त्याग तथा समस्त दुःख से मुक्त हो जाने से मेरा आशय क्या है। दीवार में कोई वासना नहीं है, वह कभी दुःख नहीं भोगती। ठीक है, पर वह कभी उन्नति भी तो नहीं करती। इस कुरसी में कोई वासना नहीं है, कोई कष्ट भी उसे नहीं हैं, परंतु यह कुरसी-की-कुरसी ही रहेगी। सुख-भोग के भीतर भी एक गरिमा है और दुःख-भोग के भीतर भी। यदि साहस करके कहा जाए, तो यह भी कह सकते हैं कि दुःख की उपयोगिता भी है। हम सभी जानते हैं कि दुःख से कितनी बड़ी शिक्षा मिलती है। हमने जीवन में ऐसे सैकड़ों कार्य किए हैं, जिनके बारे में बाद में हमें लगता है

***मान लो, तुम्हें कुछ चाहिए और जब वह पूरा नहीं होता, तो फल होता है—दुःख। यदि इच्छा न रहे, तो दुःख भी नहीं होगा। यहाँ भी मुझे गलत समझ लेने की आशंका है, अतः यह स्पष्ट कर देना आवश्यक है कि वासनाओं, इच्छाओं के त्याग तथा समस्त दुःख से मुक्त हो जाने से मेरा आशय क्या है।***

कि वे न किए जाते तो अच्छा होता, पर तो भी इन सब कार्यों ने हमारे लिए महान् शिक्षक का कार्य किया है, यह सोचकर भी मैं आनंदित हूँ और अनेक बुरे कार्य किए हैं, यह सोचकर भी आनंदित हूँ, मैंने कुछ सत्कार्य किया है, इसलिए भी सुखी हूँ और अनेक भूलें की हैं, इसलिए भी सुखी हूँ, क्योंकि उनमें से प्रत्येक ने मुझे कुछ-न-कुछ उच्च शिक्षा दी है। मैं इस समय जो कुछ हूँ, वह अपने पूर्व-कर्मों और विचारों के फलस्वरूप हूँ। प्रत्येक कार्य और विचार का एक-न-एक फल हुआ है और ये फल ही मेरी उन्नति की समष्टि हैं।

अब यहाँ एक कठिन समस्या आती है। हम सभी जानते हैं कि वासना बड़ी बुरी चीज है, पर वासना-त्याग का अर्थ क्या है? फिर शरीर-रक्षा किस प्रकार होगी? इसका आत्मघाती उत्तर भी पहले की भाँति आपाततः यही मिलेगा कि वासना का संहार करें और उसके साथ ही वासनायुक्त मनुष्य को भी मार डालो। पर यथार्थ समाधान यह है—ऐसी बात नहीं कि तुम धन-संपत्ति न रखो, आवश्यक वस्तुएँ और विलास की सामग्री न रखो। तुम जो-जो आवश्यक समझते हो, सब रखो, यहाँ तक कि उसके अतिरिक्त वस्तुएँ भी रखो। इससे कोई हानि नहीं। पर तुम्हारा प्रथम और प्रधान कर्तव्य है, सत्य को जान लेना, उसको प्रत्यक्ष कर लेना। यह धन किसी का नहीं है। किसी भी पदार्थ में स्वामित्व का भाव मत रखो। तुम भी कोई नहीं हो, मैं भी कोई नहीं हूँ, कोई भी कोई नहीं है। सब उस प्रभु की ही वस्तुएँ हैं; क्योंकि ईशोपनिषद् के प्रथम श्लोक में ही ईश्वर को सर्वत्र स्थापित करने के लिए कहा गया है। ईश्वर तुम्हारे भोग्य धन में है, तुम्हारे मन में जो सब भावनाएँ उठती हैं, उनमें है, अपनी वासना से प्रेरित हो तुम जो-जो द्रव्य खरीदते हो, उनमें भी वह है, तुम्हारे सुंदर वस्त्रों में भी वह है, और तुम्हारे सुंदर अलंकारों में भी वह है। इसी प्रकार विचार करना पड़ेगा। इसी प्रकार सब वस्तुओं को देखने पर, तुम्हारी दृष्टि में सबकुछ परिवर्तित

*हम सभी जानते हैं कि वासना बड़ी बुरी चीज है, पर वासना-त्याग का अर्थ क्या है? फिर शरीर-रक्षा किस प्रकार होगी? इसका आत्मघाती उत्तर भी पहले की भाँति आपाततः यही मिलेगा कि वासना का संहार करें और उसके साथ ही वासनायुक्त मनुष्य को भी मार डालो।*

हो जाएगा। यदि तुम अपनी प्रत्येक गति में, अपने वस्त्रों में, अपने वार्त्तालाप में, अपने शरीर में, अपने चेहरे में, सभी वस्तुओं में भगवान् की स्थापना कर लो, तो तुम्हारी आँखों में संपूर्ण दृश्य बदल जाएगा और जगत् दुःखमय प्रतीत न होकर स्वर्ग में परिणत हो जाएगा।

"स्वर्ग का राज्य तुम्हारे भीतर है", ईसा कहते हैं। वेदांत तथा सभी उपदेष्टा यही कहते हैं। "जिसके पास देखने के लिए आँख हैं, वह देखे, जिसके पास सुनने के लिए कान हैं, वह सुने।" वह पहले से ही तुम्हारे अंदर मौजूद है। वेदांत यह सिद्ध करता है कि जिस सत्य को अज्ञान के कारण हम सोचते थे कि हमने उसे खो दिया है, और सारी दुनिया में उसको पाने के लिए रोते-रोते, कष्ट भोगते घूमते-फिरते रहे, वह सदा ही हमारे हृदय के अंतस्तल में वर्तमान था। उसे हम वहीं पा सकते हैं।

यदि 'संसार का त्याग करो' इस उपदेश को उसके प्राचीन स्थूल अर्थ में ग्रहण किया जाए, तो निष्कर्ष यही निकलता है कि हमें कोई कार्य करने की आवश्यकता नहीं, आलसी होकर मिट्टी के ढेले की भाँति बैठे रहना ही ठीक होगा, कोई विचार या कार्य करने की तनिक भी आवश्यकता नहीं, अदृष्टवादी होकर, घटना-चक्र की लताड़ें खाकर, प्राकृतिक नियमों द्वारा परिचालित होकर इधर-उधर घूमते रहने से ही काम चल जाएगा। बस यही निष्कर्ष निकलता है। किंतु पूर्वोक्त उपदेश का अर्थ वास्तव में यह नहीं है। हम लोगों को कार्य अवश्यमेव करना पड़ेगा। व्यर्थ की वासनाओं के चक्र में पड़कर इधर-उधर भटकते फिरनेवाले साधारण जन कार्य के संबंध में भला क्या जानें? जो व्यक्ति अपनी भावनाओं और इंद्रियों से परिचालित है, वह भला कार्य को क्या समझे? कार्य वही कर सकता है, जो किसी वासना द्वारा, किसी स्वार्थ द्वारा परिचालित नहीं होता। वे ही कार्य करते

*हम लोगों को कार्य अवश्यमेव करना पड़ेगा। व्यर्थ की वासनाओं के चक्र में पड़कर इधर-उधर भटकते फिरनेवाले साधारण जन कार्य के संबंध में भला क्या जानें? जो व्यक्ति अपनी भावनाओं और इंद्रियों से परिचालित है, वह भला कार्य को क्या समझे?*

हैं, जिनकी कोई कामना नहीं है। वे ही कार्य करते हैं, जो बदले में किसी लाभ की आशा नहीं रखते।

एक चित्र से अधिक आनंद कौन प्राप्त करता है—चित्र बेचनेवाला अथवा देखनेवाला ? विक्रेता तो अपने हिसाब-किताब में ही व्यस्त रहता है, मुझे कितना लाभ होगा इत्यादि चिंताओं में ही मग्न रहता है। उसके मस्तिष्क में यही सब घूमता रहता है। वह केवल नीलाम के हथौड़े की ओर लक्ष्य रखता है और क्या भाव पड़ा, यही सुनता रहता है। भाव किस तरह बढ़ता जा रहा है, यही सुनने में वह व्यस्त है। फिर चित्र का आनंद वह ले कब? वे ही चित्र का आनंद ले सकते हैं, जिनको उस चित्र की बिक्री-खरीद से कोई मतलब नहीं। वे चित्र की ओर ताकते रहते हैं और असीम आनंद का उपभोग करते हैं। इसी प्रकार यह समग्र ब्रह्मांड तक चित्र के समान है; जब वासना बिल्कुल चली जाएगी, तभी लोग जगत् का आनंद ले सकेंगे; तब यह बेचने-खरीदने का भाव, यह भ्रमात्मक स्वामित्व का भाव नहीं रह जाएगा। उस समय न ऋण देनेवाला है, न खरीदनेवाला है, न बेचनेवाला है, उस समय जगत् एक सुंदर चित्र के समान हो जाता है। ईश्वर के संबंध में इतनी सुंदर बात मैंने और कहीं नहीं देखी—"वह महान् कवि है, प्राचीन कवि है—समस्त जगत् उसकी कविता है, वह अनंत आनंदोच्छवास में लिखी हुई है और नाना प्रकार के श्लोकों, छंदों और तालों में प्रकाशित है।" वासना का त्याग करने पर ही हम ईश्वर की इस विश्व-कविता का पाठ और उपभोग कर सकेंगे। उस समय सारी वस्तुएँ ब्रह्मभाव धारण कर लेंगी। संसार का प्रत्येक कोना, प्रत्येक अँधेरी गली, बीहड़ मार्ग और सभी गुप्त अंधकारमय स्थान, जिन्हें हमने पहले इतना अपवित्र समझा था, ब्रह्मभाव धारण कर लेंगे। वे सभी अपना प्रकृत स्वरूप प्रकाशित करेंगे। तब

*वासना का त्याग करने पर ही हम ईश्वर की इस विश्व-कविता का पाठ और उपभोग कर सकेंगे। उस समय सारी वस्तुएँ ब्रह्मभाव धारण कर लेंगी। संसार का प्रत्येक कोना, प्रत्येक अँधेरी गली, बीहड़ मार्ग और सभी गुप्त अंधकारमय स्थान, जिन्हें हमने पहले इतना अपवित्र समझा था, ब्रह्मभाव धारण कर लेंगे।*

हम अपने आप पर हँसेंगे और सोचेंगे, "यह सब रोना-चिल्लाना केवल बच्चों का खेल था, और हम जननी के समान खड़े होकर यह खेल देख मात्र रहे थे।"

वेदांत कहता है कि इस प्रकार के भाव से कार्य करो। वेदांत हमें पहले इस आपातत: दिखनेवाले माया के जगत् का त्याग कर काम करने की शिक्षा देता है। इस त्याग का क्या अर्थ है? पहले ही कहा जा चुका है कि त्याग का प्रकृत अर्थ है—सब जगह ईश्वर-दर्शन। सब जगह ईश्वर-बुद्धि कर लेने पर ही हम वास्तविक कार्य करने में समर्थ होंगे। यदि चाहो, तो सौ वर्ष जीने की इच्छा करो; जितनी भी सांसारिक वासनाएँ हैं, सबका भोग कर लो, पर हाँ, उन सबको ब्रह्ममय देखो, उनको स्वर्गीय भाव में परिणत कर लो। यदि जीना चाहो, तो इस पृथ्वी पर दीर्घ काल तक सेवापूर्ण, आनंदपूर्ण और क्रियाशील जीवन बिताने की इच्छा करो। इस प्रकार कार्य करने पर तुम्हें वास्तविक मार्ग मिल जाएगा। इसको छोड़ अन्य कोई मार्ग नहीं है। जो व्यक्ति सत्य को न जानकर अबोध की भाँति संसार के भोंग-विलास में निमग्न हो जाता है, समझ लो कि उसे ठीक मार्ग नहीं मिला, उसका पैर फिसल गया है। दूसरी ओर, जो व्यक्ति संसार को कोसता हुआ वन में चला जाता है, अपने शरीर को कष्ट देता रहता है, धीरे-धीरे सुखाकर अपने को मार डालता है, अपने हृदय को शुष्क मरुभूमि बना डालता है, अपने सभी भावों को कुचल डालता है और कठोर, बीभत्स और रूखा हो जाता है, समझ लो कि वह भी मार्ग भूल गया है। ये दोनों दो छोर की बातें हैं—दोनों ही भ्रम में हैं—एक इस ओर और दूसरा उस ओर। दोनों ही पथभ्रष्ट हैं, दोनों ही लक्ष्यभ्रष्ट हैं।

*वेदांत कहता है कि इस प्रकार के भाव से कार्य करो। वेदांत हमें पहले इस आपातत: दिखनेवाले माया के जगत् का त्याग कर काम करने की शिक्षा देता है। इस त्याग का क्या अर्थ है? पहले ही कहा जा चुका है कि त्याग का प्रकृत अर्थ है—सब जगह ईश्वर-दर्शन।*

वेदांत कहता है, इसी प्रकार कार्य करो—सभी वस्तुओं में ईश्वर-बुद्धि करो, समझो कि ईश्वर सबमें है, अपने जीवन को भी ईश्वर से अनुप्राणित, यहाँ तक कि ईश्वर-रूप ही समझो। यह जान लो कि यही हमारा एकमात्र कर्तव्य है, यही हमारे लिए जानने की एकमात्र

वस्तु है। ईश्वर सभी वस्तुओं में विद्यमान है, उसे प्राप्त करने के लिए और कहाँ जाओगे? प्रत्येक कार्य में, प्रत्येक भाव में, प्रत्येक विचार में वह पहले से ही अवस्थित है। इस प्रकार समझकर हमें कार्य करते जाना होगा। यही एकमात्र पथ है, अन्य नहीं। इस प्रकार करने पर कर्मफल तुमको लिप्त न कर सकेगा। फिर कर्मफल तुम्हारा कोई अनिष्ट नहीं कर पाएगा। हम देख चुके हैं कि हम जो कुछ दुःख-कष्ट भोगते हैं, उसका कारण है ये सब व्यर्थ की वासनाएँ। परंतु जब ये वासनाएँ ईश्वर-बुद्धि द्वारा पवित्र भाव धारण कर लेती हैं, ईश्वरस्वरूप हो जाती हैं, तब उनके आने से भी फिर कोई अनिष्ट नहीं होता। जिन्होंने इस रहस्य को नहीं जाना है, वे जब तक इसे नहीं जान लेते, तब तक उन्हें इसी आसुरी जगत् में रहना पड़ेगा। लोग नहीं जानते कि यहाँ उनके चारों ओर, सर्वत्र कैसी अनंत आनंद की खान पड़ी हुई है; वे उसे अभी तक खोज निकाल नहीं पाए। आसुरी जगत् का अर्थ क्या है? वेदांत कहता है—अज्ञान।

> *हम अनंत जल से भरी हुई नदी के तट पर बैठकर भी प्यासे मर रहे हैं। ढेरों खाद्य सामने रखा है, फिर भी हम भूखों मर रहे हैं। यह तो रहा आनंदमय जगत्, पर हम उसे खोज नहीं पाते। हम उसी में रह रहे हैं।*

हम अनंत जल से भरी हुई नदी के तट पर बैठकर भी प्यासे मर रहे हैं। ढेरों खाद्य सामने रखा है, फिर भी हम भूखों मर रहे हैं। यह तो रहा आनंदमय जगत्, पर हम उसे खोज नहीं पाते। हम उसी में रह रहे हैं। वह सर्वदा ही हमारे चारों ओर है, पर हम उसे सदैव और कुछ समझकर भ्रम में पड़ जाते हैं। धर्म हमें उस आनंदमय जगत् को दिखा देना चाहता है। सभी हृदय इस आनंद की खोज कर रहे हैं। सभी जातियों ने इसकी खोज की है, धर्म का यही एकमात्र लक्ष्य है, और यह आदर्श ही विभिन्न धर्मों में भिन्न-भिन्न भाषाओं में प्रकाशित हुआ है। भिन्न-भिन्न धर्मों में जो मतभेद हैं, वे सब केवल बोलने के दाँव-पेंच हैं, वास्तव में वे कुछ भी नहीं हैं। एक व्यक्ति एक भाव को एक प्रकार से प्रकट करता है, दूसरा दूसरे प्रकार से। एक जो कुछ कहता है, दूसरा भी दूसरी भाषा में शायद वही बात कहता है।

इस संबंध में अब और भी प्रश्न उठते हैं। जो ऊपर कहा गया है, उसे मुँह से कह देना तो अत्यंत सरल है। बचपन से ही सुनता आ रहा हूँ—"सर्वत्र ब्रह्म-बुद्धि

करो, सब ब्रह्ममय हो जाएगा और तब तुम दुनिया का ठीक-ठीक आनंद उठा सकोगे", पर ज्योंही हम संसार क्षेत्र में उतरकर कुछ धक्के खाते हैं, त्योंही हमारी सारी ब्रह्म-बुद्धि उड़ जाती है। मैं मार्ग में सोचता जा रहा हूँ कि सभी मनुष्यों में ईश्वर विराजमान हैं—इतने में एक बलवान् मनुष्य मुझे धक्का दे जाता है और मैं चारों खाने चित हो जाता हूँ। बस, झट मैं उठता हूँ, सिर में खून चढ़ जाता है, मुट्ठियाँ बँध जाती हैं और मैं विचार-शक्ति खो बैठता हूँ। मैं बिल्कुल पागल-सा हो जाता हूँ, स्मृति का भ्रंश हो जाता है और बस मैं उस व्यक्ति में ईश्वर को न देख शैतान देखने लगता हूँ।

जन्म से ही उपदेश मिलता है, सर्वत्र ईश्वर-दर्शन करो; सभी धर्म यही सिखाते हैं—सभी वस्तुओं में, सब प्राणियों के अंदर, सर्वत्र ईश्वर-दर्शन करो। 'नव व्यवस्थान' में ईसा मसीह ने भी इस विषय में स्पष्ट उपदेश दिया है। हम सभी ने यह उपदेश पाया है; पर काम के समय ही हमारी सारी अड़चनें आरंभ हो जाती हैं। ईसप की कहानियों में एक कथा है, एक विशालकाय सुंदर हरिण तालाब में अपना प्रतिबिंब देखकर अपने बच्चे से कहने लगा, "देखो, मैं कितना बलवान् हूँ, मेरा मस्तक कैसा भव्य है, मेरे हाथ-पाँव कैसे दृढ़ और मांसल हैं और मैं कितना तेज दौड़ सकता हूँ!" यह कहते-न-कहते उसने दूर से कुत्तों के भौंकने का शब्द सुना। सुनते ही वह जोर से भागा। बहुत दूर दौड़ने के बाद हाँफते-हाँफते फिर बच्चे के पास आया। बच्चा बोला, "अभी तो तुम कह रहे थे, मैं बड़ा बलवान् हूँ, फिर कुत्तों का शब्द सुनकर भागे क्यों?" हरिण बोला, "यही तो बात है, कुत्तों की भों-भों सुनते ही मेरा सारा ज्ञान लुप्त हो जाता है।"

*जन्म से ही उपदेश मिलता है, सर्वत्र ईश्वर-दर्शन करो; सभी धर्म यही सिखाते हैं—सभी वस्तुओं में, सब प्राणियों के अंदर, सर्वत्र ईश्वर-दर्शन करो। 'नव व्यवस्थान' में ईसा मसीह ने भी इस विषय में स्पष्ट उपदेश दिया है। हम सभी ने यह उपदेश पाया है; पर काम के समय ही हमारी सारी अड़चनें आरंभ हो जाती हैं।*

हम लोग भी जीवन भर यही करते रहते हैं। हम इस दुर्बल मनुष्य जाति के

संबंध में कितनी आशाएँ क्यों न बाँधें, हम अपने को कितना साहसी और बलवान् क्यों न समझें, हम कितने भव्य संकल्प क्यों न करें, पर जब संकट और प्रलोभन के 'कुत्ते' भौंकते हैं, हम कथा के हरिण की भाँति भाग खड़े होते हैं। यदि ऐसा ही है तो फिर यह सब शिक्षा देने का क्या लाभ? नहीं, अत्यधिक लाभ है। लाभ यह है कि अंत में अध्यवसाय की ही जय होगी। एक ही दिन में कुछ नहीं हो सकता।

*आत्मा वा अरे द्रष्टव्यः श्रोतव्यों मन्तव्यों निदिध्यासितव्यः।*

आत्मा के संबंध में पहले सुनना होगा, उसके बाद मनन अर्थात् चिंतन करना होगा, और फिर लगातार ध्यान करना होगा। सभी लोग आकाश को देख पाते हैं, भूमि पर रेंगनेवाले छोटे कीड़े भी ऊपर की ओर दृष्टि करने पर नीलवर्ण आकाश को देखते हैं, पर वह हमसे कितनी दूर है! हमारे आदर्शों के संबंध में भी यही बात है। आदर्श हमसे बहुत दूर हैं, और हम उनसे बहुत नीचे पड़े हुए हैं, तथापि हम जानते हैं कि हमें एक आदर्श अपने सामने रखना आवश्यक है। इतना ही नहीं, हमें सर्वोच्च आदर्श रखना आवश्यक है। अधिकांश व्यक्ति इस जगत् में बिना किसी आदर्श के ही जीवन के इस अंधकारमय पथ पर भटकते फिरते हैं। जिसका एक निर्दिष्ट आदर्श है, वह यदि एक हजार भूलें करता है तो यह निश्चित है कि जिसका कोई भी आदर्श नहीं है, वह पचास हजार भूलें करेगा। अतएव एक आदर्श रखना अच्छा है। इस आदर्श के संबंध में जितना हो सके, सुनना होगा; तब तक सुनना होगा, जब तक वह हमारे अंतर में प्रवेश नहीं कर जाता, हमारे मस्तिष्क में पैठ नहीं जाता, तब तक वह हमारे रक्त में प्रवेश कर उसकी एक-एक बूँद में घुल-मिल नहीं जाता, जब तक वह हमारे शरीर के अणु-परमाणु में व्याप्त नहीं हो जाता। अतएव पहले हमें यह आत्म तत्त्व सुनना होगा। कहा है, "हृदय पूर्ण होने पर मुख बोलने लगता है" और हृदय के इस प्रकार पूर्ण होने पर हाथ भी कार्य करने लगते हैं।

***आत्मा के संबंध में पहले सुनना होगा, उसके बाद मनन अर्थात् चिंतन करना होगा, और फिर लगातार ध्यान करना होगा। सभी लोग आकाश को देख पाते हैं, भूमि पर रेंगनेवाले छोटे कीड़े भी ऊपर की ओर दृष्टि करने पर नीलवर्ण आकाश को देखते हैं, पर वह हमसे कितनी दूर है!***

विचार ही हमारी कार्य-प्रवृत्ति के नियामक हैं। मन को सर्वोच्च विचारों से भर लो, दिन-पर-दिन यही सब भाव सुनते रहो, मास-पर-मास इसी का चिंतन करो। पहले-पहल सफलता न भी मिले; पर कोई हानि नहीं, यह असफलता तो बिल्कुल स्वाभाविक है, यह मानव-जीवन का सौंदर्य है। इन असफलताओं के बिना जीवन क्या होता ? यदि जीवन में इस असफलता को जय करने की चेष्टा न रहती, तो जीवन धारण करने का कोई प्रयोजन ही न रह जाता। उसके न रहने पर जीवन का कवित्व कहाँ रहता ? यह असफलता, यह भूल रहने से हर्ज भी क्या ? मैंने गाय को कभी झूठ बोलते नहीं सुना, पर वह सदा गाय ही रहती है, मनुष्य कभी नहीं हो जाती। अतएव यदि बार-बार असफल हो जाओ, तो भी क्या ? कोई हानि नहीं, सहस्र बार इस आदर्श को हृदय में धारण करो और यदि सहस्र बार भी असफल हो जाओ तो एक बार फिर प्रयत्न करो। सब जीवों में ब्रह्म-दर्शन ही मनुष्य का आदर्श है। यदि सब वस्तुओं में उसको देखने में तुम सफल न होओ, तो कम-से-कम एक ऐसे व्यक्ति में, जिसे तुम सबसे अधिक प्रेम करते हो, उसके दर्शन करने का प्रयत्न करो, उसके बाद दूसरे व्यक्ति में दर्शन करने की चेष्टा करो। इसी प्रकार तुम आगे बढ़ सकते हो। आत्मा के सम्मुख तो अनंत जीवन पड़ा हुआ है—अध्यवसाय के साथ लगे रहने पर तुम्हारी मनोकामना अवश्य पूर्ण होगी।

> ***यदि सब वस्तुओं में उसको देखने में तुम सफल न होओ, तो कम-से-कम एक ऐसे व्यक्ति में, जिसे तुम सबसे अधिक प्रेम करते हो, उसके दर्शन करने का प्रयत्न करो, उसके बाद दूसरे व्यक्ति में दर्शन करने की चेष्टा करो। इसी प्रकार तुम आगे बढ़ सकते हो।***

वह अचल है, एक है, मन से भी अधिक द्रुत स्पंदनशील है। इसे इंद्रियाँ प्राप्त नहीं कर सकीं, क्योंकि यह उन सबसे पहले गया हुआ है। वह स्थिर रहकर भी अन्यान्य द्रुतगामी पदार्थों से आगे जानेवाला है। उसमें रहकर ही हिरण्य गर्भ सब कर्मफलों का विधान करते हैं। वह चंचल है, स्थिर है, दूर है, निकट है, वह इस सबके भीतर है, फिर इस सबके बाहर भी है। जो आत्मा में सब भूतों का दर्शन करते हैं और सब भूतों में आत्मा का दर्शन करते हैं, वे कुछ भी छिपाने की इच्छा नहीं करते।

जिस अवस्था में ज्ञानी के लिए समस्त भूत आत्मस्वरूप हो जाते हैं, उस अवस्था में उस एकत्वदर्शी पुरुष को शोक अथवा मोह कहाँ रह सकता है?

सब पदार्थों का यह एकत्व वेदांत का और एक प्रधान विषय है। हम आगे चलकर देखेंगे कि किस प्रकार वेदांत सिद्ध करता है कि हमारा समस्त दुःख अज्ञान से उत्पन्न हुआ है। यह अज्ञान और कुछ नहीं, बल्कि यही बहुत्व की धारणा है—यह धारणा कि मनुष्य मनुष्य से भिन्न है, पुरुष और स्त्री भिन्न हैं, युवा और शिशु भिन्न हैं, राष्ट्र राष्ट्र से भिन्न है, पृथ्वी चंद्र से पृथक् है, चंद्र सूर्य से पृथक् है, एक परमाणु दूसरे परमाणु से पृथक् है। ऐसा बोध ही वास्तव में सब दुःखों का कारण है। वेदांत कहता है कि यह भेद वास्तविक नहीं है। यह भेद केवल भासित होता है, ऊपर से दीख पड़ता है। वस्तुओं के अंतस्तल में वही एकत्व विराजमान है। यदि तुम भीतर जाकर देखो, तो एक एकत्व को देखोगे—मनुष्य-मनुष्य में एकत्व, नर-नारी में एकत्व, जाति-जाति में एकत्व, ऊँच-नीच में एकत्व, धनी और दरिद्र में एकत्व, देवता और मनुष्य में एकत्व, मनुष्य और पशु में एकत्व। सभी तो एक हैं। और यदि और भी भीतर प्रवेश करो, तो देखोगे—अन्य प्राणी भी एक ही हैं। जो इस प्रकार एकत्वदर्शी हो चुके हैं, उनको फिर मोह नहीं रहता। वे अब उसी एकत्व में पहुँच गए हैं, जिसको धर्मविज्ञान में ईश्वर कहते हैं। उनको अब मोह कैसे रह सकता है? मोह उनको होगा ही कैसे? उन्होंने सभी वस्तुओं का आभ्यंतरिक सत्य जान लिया है, सभी वस्तुओं का रहस्य जान लिया है। उनके लिए अब दुःख कैसे रह सकता है? वे अब किसकी कामना-वासना करेंगे? वे सारी वस्तुओं के अंदर वास्तविक सत्य की खोज करके ईश्वर तक पहुँच गए हैं, जो जगत् का केंद्रस्वरूप है, जो सभी वस्तुओं का एकत्व-स्वरूप है। यही अनंत सत्ता है, यही अनंत ज्ञान है, यही अनंत आनंद है। वहाँ मृत्यु नहीं, रोग नहीं, दुःख नहीं, शोक

***वस्तुओं के अंतस्तल में वही एकत्व विराजमान है। यदि तुम भीतर जाकर देखो, तो एक एकत्व को देखोगे—मनुष्य-मनुष्य में एकत्व, नर-नारी में एकत्व, जाति-जाति में एकत्व, ऊँच-नीच में एकत्व, धनी और दरिद्र में एकत्व, देवता और मनुष्य में एकत्व, मनुष्य और पशु में एकत्व।***

नहीं, अशांति नहीं। है केवल पूर्ण एकत्व–पूर्ण आनंद। तब वे किसके लिए शोक करेंगे? वास्तव में उस केंद्र में, उस परम सत्य में मृत्यु नहीं है, दुःख नहीं है, किसी के लिए शोक करना नहीं है, किसी के लिए दुःख करना नहीं है।

वह चारों ओर से घेरे हुए है, वह उज्ज्वल है, देहशून्य है, व्रणशून्य है, स्नायुशून्य है, वह पवित्र और निष्पाप है, वह कवि है, मन का नियामक है, सबसे श्रेष्ठ और स्वयंभू है, वह सर्वदा ही यथायोग्य सभी की काम्य वस्तुओं का विधान करता है।

जो इस अविद्यामय जगत् की उपासना करता है, वह अंधकार में प्रवेश करता है। जो इस जगत् को ब्रह्म के समान सत्य समझकर उसकी उपासना करता है, वह अंधकार में भटकता है। और जो आजीवन इस संसार की ही उपासना करता है, उससे ऊपर और कुछ नहीं पाता, वह तो और भी घने अंधकार में भटकता है। किंतु जिन्होंने इस परम सुंदर प्रकृति के परे ब्रह्म की कृपा प्राप्त कर ली, वे अमरत्व का लाभ करते हैं।

"हे सूर्य, स्वर्ण के पात्र से तुमने सत्य का मुख ढक रखा है। उसे तुम हटा दो, जिससे सत्यधर्मा को उसका दर्शन हो सके। तुम्हारे भीतर जो सत्य है, उसे मैंने जान लिया; तुम्हारी किरण और तुम्हारी महिमा का यथार्थ जान लिया; मैं तुम्हारा परम स्मरणीय रूप देखता हूँ। तुम्हारे अंदर जो यह पुरुष है, वही मैं हूँ।"

□

# 5
# सर्व-समावेश की अवधारणा

स्वामी विवेकानंद भारत की धार्मिक परंपरा के उन चुनिंदा महापुरुषों में से एक हैं, जो समाज के लिए श्रद्धा के पात्र होने के साथ-साथ युवाओं के लिए 'रोल मॉडल' बन गए। धर्म और परंपरा के बारे में गहरी अंतर्दृष्टि रखनेवाले स्वामीजी किस तरह अपने समय, परिवेश और पृष्ठभूमि से बहुत दूर, बहुत आगे तक सोच सके, वह कौतूहल का विषय तो है ही, उनकी बेमिसाल मेधा और दूरदृष्टि को भी जाहिर करता है। विवेकानंद अकेले आध्यात्मिक महापुरुष हैं, जो यह मानने पर मजबूर करते हैं कि परंपरा और आधुनिकता के बीच तालमेल संभव है। धर्म-संस्कार और तरक्की के बीच वैसा विरोधाभास नहीं है, जैसा बहुत से लोग मानते हैं। संभव है, यह धारणा रखनेवालों ने धर्म के मर्म को न समझा हो। "अच्छे बनो और अच्छा करो, यही धर्म है।"

स्वामी विवेकानंद की सोच, उनका दर्शन और धार्मिक व्याख्याएँ चौंकाने की हद तक आधुनिक और स्पष्ट हैं। इक्कीसवीं सदी के भौतिकतावादी, अर्थ-प्रधान, पेशेवराना माहौल में उनको पढ़ना उस तरह असहज नहीं लगता, जैसे सौ-दो सौ साल पुराने दौर के दूसरे धार्मिक व्यक्तित्वों का अध्ययन लगता है। पृष्ठभूमि धार्मिक होते हुए भी उनकी सोच प्रगतिशील और भविष्य की ओर देखनेवाली है। प्रासंगिक तो वे हैं ही, सूचना प्रौद्योगिकी से लेकर, राजनीति और कारोबार से लेकर विज्ञान के क्षेत्र में सक्रिय युवा को भी वे पंक्तियाँ बहुत-कुछ सिखाएँगी, जिन्हें स्वामीजी ने सौ या सवा सौ साल पहले लिखा था। स्वामी

विवेकानंद के धार्मिक और सामाजिक पक्ष पर बहुत लिखा गया है। लेकिन अपने व्याख्यानों, धार्मिक चर्चाओं और लेखन के दौरान जिस तरह वे नेतृत्व क्षमता, नवाचार (इनोवेशन), प्रबंधन, सफलता और वैज्ञानिक सोच के पाठ पढ़ा गए, उन्हें जानना जरूरी है। स्वामीजी की कई शिक्षाएँ बड़े बिजनेस स्कूलों में पढ़ानेवाले आधुनिक मैनेजमेंट गुरुओं की याद दिला देती हैं। किसी आध्यात्मिक, दार्शनिक व्यक्तित्व में इस तरह का पहलू अद्‍भुत ही नहीं, दुर्लभ भी है। अन्यथा कौन सा धार्मिक नेता कहता है कि "जब अंधविश्वास प्रवेश करता है तो बुद्धि विदा हो जाती है।"

जून 1894 में मैसूर के महाराजा को लिखे पत्र में उन्होंने लिखा था कि "भारत में बुराइयों की जड़ गरीबों की हालत में निहित है। हमारे निम्न वर्गों को ऊपर उठाने के लिए सबसे जरूरी है, उन्हें शिक्षित करना और उनकी खोई हुई निजता को बहाल करना। धार्मिक-राजनीतिक ताकतों और विदेशी राजसत्ता ने सदियों से उनका इतना दमन किया है कि भारत के गरीब भूल गए हैं कि वे भी इनसान हैं।"

> ***जून 1894 में मैसूर के महाराजा को लिखे पत्र में उन्होंने लिखा था कि "भारत में बुराइयों की जड़ गरीबों की हालत में निहित है। हमारे निम्न वर्गों को ऊपर उठाने के लिए सबसे जरूरी है, उन्हें शिक्षित करना और उनकी खोई हुई निजता को बहाल करना।***

नेतृत्व क्या है? उसकी सार्थकता क्या है, यदि वह आम आदमी के जीवन को बेहतर न बना सके? स्वामीजी का हर शब्द समाज में दिखती विषम परिस्थितियों का प्रतिकार करता प्रतीत होता है—"जब तक करोड़ों लोग गरीबी और असहाय स्थिति में हैं, मैं ऐसे हर शख्स को गद्दार मानकर चलता हूँ, जिसने उनकी कीमत पर शिक्षा पाई, लेकिन उनकी न्यूनतम सुध भी नहीं ली।" इतने प्रबल विचारोंवाला व्यक्ति संन्यासी न होता तो क्या होता? शायद एक महान् क्रांतिकारी, अद्‍भुत नेता, विलक्षण स्टेट्समैन! नए दौर के नेता उनसे नेतृत्व का ककहरा सीख सकते हैं।

अपने समय की वास्तविकताओं की समझ रखे बिना कोई नेतृत्व सार्थकता

प्राप्त नहीं कर सकता। भारत की आधी आबादी युवाओं की है और इतनी बड़ी शक्ति की बदौलत किसी भी देश का कायाकल्प संभव है। लेकिन तभी जब इन युवाओं के सामने स्पष्ट उद्देश्य तथा दिशा मौजूद हो और उन्हें अपने दायित्वों का अहसास हो। स्वामीजी युवकों के आदर्श इसलिए बने, क्योंकि उन्होंने उन्हें यही उद्देश्यपरकता प्रदान की। व्यक्ति, राष्ट्र, विश्व और धर्म के संदर्भ में उनकी प्राथमिकताएँ इतनी स्पष्ट थीं कि लगता है, वे कोई समाजशास्त्री हों।

स्वामीजी ने कहा—"व्यावहारिक देशभक्ति सिर्फ एक भावना या मातृभूमि के प्रति प्रेम की अभिव्यक्ति मात्र नहीं है। देशभक्ति का अर्थ है, अपने साथी देशवासियों की सेवा करने का जज्बा।" किंतु वे मन से एक विश्व मानव थे, जिनकी आकांक्षा पूरे विश्व को एक परिवार के रूप में देखने की थी। यह स्वामीजी की यात्राओं से भी स्पष्ट है, जो हिंदुत्व के प्रति समझ-बूझ का प्रसार करने के लिए तो थी हीं, वैश्विकता के अन्वेषक के रूप में भी थीं। देशभक्ति और वैश्विकता के बीच भी उनके विचारों में कहीं कोई भ्रम नहीं दिखता—"आवश्यकता पड़े तो उस एक भावना के लिए हर चीज का बलिदान कर देना चाहिए, जिसे वैश्विकता कहते हैं।" राष्ट्र और विश्व के संदर्भ में उनके अलग-अलग, किंतु बहुत स्पष्ट विचार थे।

*स्वामीजी ने कहा—"व्यावहारिक देशभक्ति सिर्फ एक भावना या मातृभूमि के प्रति प्रेम की अभिव्यक्ति मात्र नहीं है। देशभक्ति का अर्थ है, अपने साथी देशवासियों की सेवा करने का जज्बा।" किंतु वे मन से एक विश्व मानव थे, जिनकी आकांक्षा पूरे विश्व को एक परिवार के रूप में देखने की थी।*

सूचना प्रौद्योगिकी की प्रधानता के युग में भौगोलिक सीमाएँ धूमिल होती चली जा रही हैं। वैश्वीकरण और उदारीकरण के दौर में एक-दूसरे की आवश्यकताओं को समझना, सहयोग करना और लाभ उठाना अलिखित सिद्धांत के समान है। भारत ने इस प्रक्रिया में देर से प्रवेश किया, लेकिन स्वामी विवेकानंद तो प्रकृति से ही अन्वेषक थे और दूसरों के प्रति खुले विचार रखते थे। आई.टी., सेवा उद्योग, आयात-निर्यात और पर्यटन जैसे क्षेत्रों को ध्यान में रखिए तो उनका

यह कथन कितना प्रासंगिक लगता है—"हमें यात्रा अवश्य करनी चाहिए, हमें विदेशी भूमियों पर जाना चाहिए। हमें देखना चाहिए कि दूसरे देशों में सामाजिक तौर-तरीके और परिपाटियाँ क्या हैं। दूसरे देश किस दिशा में सोच रहे हैं, यह जानने के लिए हमें उनके साथ मुक्त और खुले संवाद से झिझकना नहीं चाहिए।" आपको याद होगा कि जब गांधीजी विदेश जा रहे थे तो परिवार में इसका विरोध हुआ था। जयपुर के महाराजा तो जब लंदन गए, तब गंगा जल से भरे चांदी के दो विशाल कलश साथ लेकर गए थे, ताकि विदेशी पानी पीकर भ्रष्ट न हों। लेकिन अपने समय की सोच से कितने आगे थे स्वामी विवेकानंद!

नए दौर के युवकों को शायद विश्वास न हो कि विज्ञान से कोई सीधा संबंध न रखनेवाला यह साधु युवकों से कहा करता था कि—"कोई विचार (आइडिया) लो और फिर उसी को अपने जीवन का मकसद बना लो। उसी का सपना देखो, उसी को जियो। अपने मस्तिष्क, मांसपेशियों, नाड़ियों और शरीर के हर भाग को उस विचार से भर लो। दूसरे सभी विचारों को अलग छोड़ दो। सफलता का यही रास्ता है और इसी रास्ते ने महान् आध्यात्मिक विभूतियों को जन्म दिया है। बाकी सब तो बात करती हुई मशीनें मात्र हैं।" कितने शक्तिशाली और अद्भुत विचार हैं! क्या ऐसे विचारों की प्रासंगिकता कभी भी समाप्त हो सकती है? हर सफल इनसान, हर कामयाब हस्ती इसकी सार्थकता की निशानदेही करेगी। मानव मस्तिष्क अपरिमित शक्तियों से भरा है और उससे उद्भूत एक अनूठा विचार, एक नई अवधारणा काल-विभाजक परिवर्तनों का माध्यम बन सकती है।

> ***नए दौर के युवकों को शायद विश्वास न हो कि विज्ञान से कोई सीधा संबंध न रखनेवाला यह साधु युवकों से कहा करता था कि—"कोई विचार (आइडिया) लो और फिर उसी को अपने जीवन का मकसद बना लो। उसी का सपना देखो, उसी को जियो।***

आध्यात्मिक व्यक्तित्वों के संदर्भ में विचार की जिस शक्ति की ओर स्वामी विवेकानंद इशारा करते हैं, वह विज्ञान, कारोबार, मनोरंजन, रचनाकर्म और राजनीति जैसे क्षेत्रों का भी कायाकल्प करने में सक्षम है। लेकिन तभी, जब उसके

प्रति एकमेव समर्पण मौजूद हो। स्वामीजी तो कहते ही हैं कि "महान् उपलब्धियों का मार्ग सदा ही काँटों से भरा होता है।" लेकिन इन कष्टों से जूझना सार्थक है, क्योंकि दुनिया में सफल लोग ही अपनी छाप छोड़ पाते हैं और यही लोग याद रखे जाते हैं। स्वामीजी ने एक स्थान पर लिखा है कि "विश्व का उपभोग नायक ही करते हैं—यह एक अडिग सत्य है। एक नायक बनो और हमेशा कहो—मुझे कोई डर नहीं है।"

कड़ी मेहनत और संकल्प से ही सफलता प्राप्त होती है। तो क्या यदि सफलता की राह में आप बार-बार नाकाम हो जाएँ। "अपने लक्ष्य को एक हजार बार सामने रखकर चलो। अगर तुम एक हजार बार परास्त हो जाते हो तो एक बार फिर प्रयास करो।" एक आध्यात्मिक व्यक्तित्व होकर भी वे समाज से कटे हुए नहीं थे। उसके प्रति अपने दायित्वों से विमुख नहीं थे। उसकी विसंगतियाँ, पिछड़ापन और चारों तरफ फैले दुःख-दर्द उन्हें व्यथित करते थे, लेकिन यह व्यथा हताशा नहीं थी। देश के समाज-राजनीतिक हालात में बदलाव जरूरी है, यह वे जानते थे और इसके लिए युवाओं में आवश्यक संकल्प भरने के लिए उन्होंने अपने प्रबल विचारों का प्रयोग किया। चाहे आप देश के लिए कुछ करना चाहते हों, अपने संगठन के लिए या फिर खुद ही तरक्की के सूत्र की तलाश में हों, स्वामी विवेकानंद के शब्द आपका नेतृत्व और मार्गदर्शन अवश्य करेंगे।

*कड़ी मेहनत और संकल्प से ही सफलता प्राप्त होती है। तो क्या यदि सफलता की राह में आप बार-बार नाकाम हो जाएँ। "अपने लक्ष्य को एक हजार बार सामने रखकर चलो। अगर तुम एक हजार बार परास्त हो जाते हो तो एक बार फिर प्रयास करो।"*

विवेकानंद युवाओं को अपील करते हैं, क्योंकि वे धर्म का पुरातनपंथी चेहरा सामने नहीं रखते, बल्कि उसमें एक प्रगतिशील उद्वेलन पैदा करनेवाली शक्ति के रूप में सामने आते हैं। प्रबंधन से जुड़े अहम सिद्धांत वे बातों-ही-बातों में सिखा जाते हैं, जैसे—"अनुभव सबसे बड़ा शिक्षक है।" या "विश्व का इतिहास उन चंद लोगों का इतिहास है, जिन्हें अपने आप में विश्वास था।"

धर्म को उन्होंने संस्कारों से जोड़कर देखा और उसके बारे में फैले भ्रमों को दूर करने में अपने जीवन का बड़ा भाग लगा दिया। वे नहीं चाहते थे कि आँख मूँदकर कोई भी बात स्वीकार कर ली जाए, भले ही वह धार्मिक ग्रंथों में ही क्यों न लिखी हो। उन्होंने आध्यात्मिक अवधारणाओं की व्याख्याएँ उन प्रबल, सरल किंतु तर्कपूर्ण शब्दों में की, जो वैज्ञानिक दृष्टि से सोचनेवालों को समझ में आते थे। वे एक वैज्ञानिक की तरह तर्क-वितर्क, शोध, मनन और विश्लेषण के बाद तथ्यों को स्वीकार करनेवाले थे और यह नियम दूसरों पर भी लागू करते थे—"चाहो तो नास्तिक बन जाओ, किंतु किसी भी बात को आँख मूँदकर पत्थर की लकीर मत मान लो।"

स्वामीजी का हिंदुत्व उदार और सर्व-समावेशी था, किंतु उसमें अस्पष्टता की गुंजाइश नहीं थी। उनकी वैचारिक शक्ति, मूल्यों की सार्थकता में अडिग आस्था, आत्मविश्वास और गहन अंतर्दृष्टि उनकी आध्यात्मिक विदेश यात्राओं की सफलता के पीछे थी। शिकागो में उनकी तर्कशक्ति ने विश्व को अचंभे में डाल दिया था तो इसलिए कि हिंदुत्व के प्रति उनकी विषद दृष्टि दूसरे धर्मों तथा संस्कृतियों के प्रति सम्मान पर आधारित थी, अपनी ही आस्था को सर्वश्रेष्ठ मानने के मिथ्या अहंकार से नहीं। वे तो धार्मिक स्तर पर भी संस्कृतियों के तालमेल के पक्षधर थे। ऐसे धर्म-प्रचारक को अनदेखा करना कैसे संभव हो सकता था? वे विदेशों के लिए भी उतने ही प्रासंगिक थे, जितने कि भारत के लिए। और वे सदियों बाद भी उतने ही प्रासंगिक रहेंगे, जितने कि आज हैं, या कल थे।

□

6

# विश्व नेतृत्वकर्ता विवेकानंद

आज जरूरत इस बात की है कि हम स्वामी विवेकानंद के मूल्यों को अपनाएँ और भारत की महानता के लिए उनके द्वारा सुझाए गए मार्ग को समझें। वे एक ऐसे आध्यात्मिक नेता हैं, जो भारत की वर्तमान राजनीतिक व सामाजिक परिस्थितियों में अन्य किसी भी नेता से ज्यादा प्रासंगिक हैं। उनके सत्योपदेश के प्रति हमारी वचनबद्धता ही वह मार्ग है, जिससे हम विश्वगुरु बन सकते हैं।

स्वामी विवेकानंद एक ऐसे आध्यात्मिक नेता हैं, जो भारत की वर्तमान राजनीतिक व सामाजिक परिस्थितियों में अन्य किसी भी नेता से ज्यादा प्रासंगिक हैं। उनके सत्योपदेश के प्रति हमारी वचनबद्धता ही वह मार्ग है, जिससे हम विश्वगुरु बन सकते हैं। उन्होंने भारतीयों को जगाते हुए ठीक ही कहा था—उठो, जागो और तब तक मत रुको, जब तक तुम लक्ष्य तक नहीं पहुँच जाते। एक बार जब स्वामीजी की शिष्या भगिनी निवेदिता से किसी ने पूछा था कि रामकृष्ण परमहंस व स्वामी विवेकानंद में क्या अंतर है तो उन्होंने जवाब दिया था कि परमहंस भारतीय अध्यात्म के पिछले 5,000 वर्षों के ज्ञान-भंडार रहे हैं, जबकि स्वामीजी भारत के लिए अगले 1,500 सालों के लिए गाइड होंगे। अपनी युवावस्था में ही स्वामीजी ने भारत को वह मार्ग दिखलाया, जो परिवर्तित होते विश्व में भारत की भूमिका को सुदृढ़ करता है।

स्वामी विवेकानंद ने भारतीय अध्यात्म व दर्शन की मजबूती के लिए निर्बाध कार्य किया। रामकृष्ण परमहंस के गुरुत्व में उन्होंने वेदांत का पाठ पढ़ा।

यह उनके लिए उत्साह का एक कारक था, जिसे उन्होंने पूरे विश्व को दिया। स्वामीजी इतना काम करते थे कि उनके पास अपने शरीर की तरफ ध्यान देने के लिए भी पर्याप्त समय नहीं था, क्योंकि वे निरंतर घूमते रहते थे और व्रत पर रहते थे। उन्होंने भारत के सार्वभौमिक जयघोष के लिए दिन-रात काम किया।

अमरीका के शिकागो में धर्म पर विश्व संसद् जब हुई, तो वह पहला अवसर था, जब स्वामीजी का विश्व स्तर पर धार्मिक दर्शन से सामना हुआ। विश्व संसद् को संबोधित करते हुए उन्होंने हिंदू धर्म की जो व्याख्या की, उससे इसका वह स्वरूप सामने आया, जो सार्वभौमिकतावाद के लिए हकीकत में एक चार्टर हो सकता है। वेदांत ने अंतर और पक्षपात को मान्यता नहीं दी। उसने यह अंतिम सत्य व वास्तविकता समझाई कि लोगों को यह समझ लेना चाहिए कि सभी बुराइयाँ असमानता व अंतर में विश्वास से आती हैं तथा अच्छाई अद्वैत वेदांत से आती है।

*अद्वैत वेदांत से अभिप्राय विश्व के एकत्व में विश्वास से है। इसे पश्चिम में एकत्ववाद के रूप में जाना जाता है और भारत ने इस तरह के सार्वभौमिकतावाद को हजारों वर्ष पहले विकसित कर लिया था। वे हमेशा कहा करते थे कि हम सभी गीता, कुरान या बाइबल में विश्वास रखते हैं, परंतु हमें उनकी जरूरत नहीं है, क्योंकि 'मैं' का सार्वभौमिक भावना अथवा आत्मा में विलय हो जाता है।*

अद्वैत वेदांत से अभिप्राय विश्व के एकत्व में विश्वास से है। इसे पश्चिम में एकत्ववाद के रूप में जाना जाता है और भारत ने इस तरह के सार्वभौमिकतावाद को हजारों वर्ष पहले विकसित कर लिया था। वे हमेशा कहा करते थे कि हम सभी गीता, कुरान या बाइबल में विश्वास रखते हैं, परंतु हमें उनकी जरूरत नहीं है, क्योंकि 'मैं' का सार्वभौमिक भावना अथवा आत्मा में विलय हो जाता है। उन्होंने विश्व संसद् में कहा कि हम अपने-अपने कुओं में बैठे उन मेढकों की तरह हैं, जो अपने कुएँ को ही श्रेष्ठ मानते हैं। हमें अपने नजरिए को बड़ा करते हुए समुद्र को देखना है। यह सार्वभौमिकता का संदेश था। हिंदू धर्म आत्मा में विश्वास रखता है। वह पौधे तक को कोई नुकसान

नहीं पहुँचाना चाहता। उसका शांति, अहिंसा व विश्व की एकता में विश्वास है, वहाँ जाति व धर्म के आधार पर अलगाव को कोई जगह नहीं है।

स्वामी विवेकानंद कहते हैं कि विश्व का इतिहास मानव का इतिहास है, उस मानव का, जिसका अपने ऊपर विश्वास है। यह भी कि विश्वास से अंतर्मन में दिव्यता का भाव जागता है और मृत्यु तब आती है, जब व्यक्ति या राष्ट्र अपने में विश्वास खो देता है। बहुत कम लोग जानते हैं कि स्वामी विवेकानंद एक बढ़िया रसोइए भी थे। उनके शिष्य उन्हें 'महाराज' कहा करते थे। यह शब्द एक साथ राजा, रसोइए व संत के लिए प्रयोग किया जाता है। कुकिंग में उन्हें महारत हासिल थी। स्वामीजी की कई महिला शिष्याएँ भी थीं, जिनमें एक थी भगिनी निवेदिता। उन्होंने स्वामीजी के जीवन व पुरुषार्थ पर बहुत-कुछ लिखा है। इसके अलावा उन्होंने भारत के राष्ट्रीय आंदोलन गें भी भाग लिया, जिसके लिए उनकी प्रशंसा महात्मा गांधी व रवींद्रनाथ टैगोर ने भी की। भगिनी निवेदिता को एक बार जब स्वामीजी के स्वास्थ्य को लेकर चिंता हुई, तो वे स्वामीजी की कुंडली लेकर एक ज्योतिषी के पास पहुँच गईं। जब स्वामीजी को इस बात का पता चला तो उन्होंने भगिनी निवेदिता को दंडित किया, क्योंकि वे अंधविश्वासी नहीं थे। इसके बावजूद यह घटना भगिनी निवेदिता के प्रेम व चिंता को प्रकट करती है।

*स्वामीजी अकसर कहा करते थे कि प्रेम सबसे बड़ा सदाचार है, प्रेम केवल देना जानता है और बदले में वह कुछ नहीं चाहता। जब प्रेम ही सबसे बड़ा है तो कोई आदमी कैसे किसी संप्रदाय, जाति अथवा पंथ से घृणा कर सकता है।*

स्वामीजी अकसर कहा करते थे कि प्रेम सबसे बड़ा सदाचार है, प्रेम केवल देना जानता है और बदले गें वह कुछ नहीं चाहता। जब प्रेम ही सबसे बड़ा है तो कोई आदमी कैसे किसी संप्रदाय, जाति अथवा पंथ से घृणा कर राकता है। स्वामी विवेकानंद ने राष्ट्र को तामसी निद्रा से जगाकर प्रबुद्ध भारत को जन्म दिया। उनके दूरदर्शी एवं प्राणोत्तेजक विचारों ने राष्ट्र की पराधीनता की शृंखला को छिन्न-भिन्न करने की अनुपम शक्ति प्रदान की। जिसके तेजोमय शब्दों ने हिंदू धर्म को अपने स्वरूप का साक्षात्कार करने की प्रेरणा प्रदान की। भारत के

*इनसानियत सबसे बड़ा धर्म है। इनसान बनने के लिए सबसे पहला कदम है—खुद पर काबू रखना यानी आत्मसंयम। ऐसा करनेवाले पर किसी भी बाहरी चीज या व्यक्तियों का असर नहीं होता। इससे ही धीरज, सेवा, शुद्धता, शांति, आज्ञा मानने, इंद्रिय संयम व मेहनत के भाव पनपते हैं।*

ऋषियों की प्रज्ञा के चमत्कार से जिसके पराक्रम ने दिग्विजय कर पूर्व में हिंदू धर्म की वैजयंती फहराई।

स्वामी विवेकानंद अपने समय के भारत को एक सुप्त सिंह रूप में देखते थे। जिसे जाग्रत् करने के लिए ऐसे नेतृत्व की आवश्यकता भी पड़ी, जो अपने समाज के हित में प्रत्येक कार्य को, चाहे वह कितना भी कठिन क्यों न हो, बिना किसी हिचक के करना जानता हो। ऐसा नेतृत्व केवल दृढ़ चरित्रवाला व्यक्ति ही प्रदान कर सकता है।

विवेकानंद एक ऐसे व्यक्तित्व हैं कि उनकी कही एक-एक बात पर यदि कोई अमल कर ले तो शायद उसे कभी जीवन में असफलता व हार का मुँह न देखना पड़े। यदि आज के भारत को वर्तमान विसंगतियों से प्रभावी रूप से लड़ना है और विश्व के समक्ष अपनी एक सशक्त, समर्थ और क्षमतावान छवि प्रस्तुत करनी है तो ऐसे ही नेतृत्व की आवश्यकता है।

नेतृत्व के समग्र विकास हेतु स्वामी विवेकानंद ने बहुत से गुणों के विकास का आह्वान किया है। यथा—

## आत्मसंयम

इनसानियत सबसे बड़ा धर्म है। इनसान बनने के लिए सबसे पहला कदम है—खुद पर काबू रखना यानी आत्मसंयम। ऐसा करनेवाले पर किसी भी बाहरी चीज या व्यक्तियों का असर नहीं होता। इससे ही धीरज, सेवा, शुद्धता, शांति, आज्ञा मानने, इंद्रिय संयम व मेहनत के भाव पनपते हैं। इन बातों से तनाव कम, प्रेम ज्यादा और काम बेहतर होगा। सूत्र यही है कि पहले खुद मनुष्य बनें, फिर दूसरों को मनुष्य बनने में मदद करें। शासन करने के बजाय पहले खुद अनुशासित रहने की सोच रखें। लड़कियाँ भी सती-सावित्री की तरह पवित्र जीवन जिएँ।

## उम्मीद न छोड़ें

निराश न हों, आशावान रहें। हमेशा खुश रहें। मुसकराते रहना देव उपासना की तुलना में परमेश्वर के ज्यादा करीब ले जाता है।

## निडरता

स्वामी विवेकानंद के मुताबिक हर इनसान की एक ही बार मृत्यु होती है, इसलिए 'मेरा जन्म कोई बड़ा काम करने के लिए हुआ है'—यह सोचकर बिना किसी से डरे, बिना किसी कायरता के चाहे वज्रपात भी हो तो अपने काम में साहस के साथ लगे रहें।

*प्रेम जिंदगी है और स्वार्थ मृत्यु; इसलिए जिनको सेवा करने की चाहत है, वे सारे स्वार्थ, खुशी, गम, नाम व यश की चाहतों की पोटली बनाकर समुद्र में फेंक दें। इस तरह सेवा के लिए त्याग व त्याग के लिए स्वार्थ छोड़ना जरूरी है। मतलब निस्स्वार्थ होने से ही धर्म की परख होती है।*

## अपने पैरों पर खड़े होना

किस्मत के भरोसे न बैठें, बल्कि पुरुषार्थ यानी मेहनत के दम पर खुद की किस्मत बनाएँ। "खड़े हो जाओ, साहसी बनो और शक्तिमान बनो"—इस सूत्र वाक्य के जरिए यही रास्ता बताया गया है कि खुद जिम्मेदारी उठाओ। सारी शक्ति खुद के पास है, इसलिए आप खुद ही अपने सबसे बड़े मददगार हैं। दरअसल, जो आप आज हैं, वह पिछले जन्म में किए कामों का नतीजा है। इसलिए बेहतर कल के लिए आज के काम नियत करें। इस तरह अपना भविष्य बनाना आपके हाथ में है।

## स्वार्थी नहीं सेवक बनना

प्रेम जिंदगी है और स्वार्थ मृत्यु; इसलिए जिनको सेवा करने की चाहत है, वे सारे स्वार्थ, खुशी, गम, नाम व यश की चाहतों की पोटली बनाकर समुद्र में फेंक दें। इस तरह सेवा के लिए त्याग व त्याग के लिए स्वार्थ छोड़ना जरूरी है। मतलब निस्स्वार्थ होने से ही धर्म की परख होती है।

## आत्मशक्ति को पहचानना और जगाना

*स्वामी विवेकानंद के मुताबिक आज के दौर में नास्तिक वह है, जिसे खुद पर भरोसा नहीं, न कि केवल वो जो परमेश्वर को न माने। यानी आत्मविश्वास सफलता का सबसे बड़ा सूत्र है। आत्मविश्वास का भी सही मतलब यह है कि खुद में मौजूद परमेश्वर के अलावा मन, बुद्धि, चित्त और अहंकार से पैदा 'मैं' पर भी भरोसा रखें तो बेहतर है।*

नाकामियों से बेचैन होने या थोड़ी सी कामयाबी से संतुष्ट होकर बैठने के बजाय लगातार आगे बढ़ें। स्वामीजी का सूत्र वाक्य उठो, जागो और लक्ष्य पाने तक नहीं रुको, यही सबक देता है, जो आत्मशक्ति को जगाने से मुमकिन है। आत्मशक्ति को जगाने के लिए बाहरी और भीतरी चेतना को कर्म, उपासना, संयम व ज्ञान में कोई भी एक या सभी को जरिया बना वश में करें। इसे ही जिंदगी का अहम लक्ष्य मानकर 'आत्मानो मोक्षार्यं जगद्धिताय च' की भावना के साथ खुद के साथ दूसरों को भी जीवन की सार्थकता और मुक्ति की राह बताएँ।

## स्वयं पर विश्वास

स्वामी विवेकानंद के मुताबिक आज के दौर में नास्तिक वह है, जिसे खुद पर भरोसा नहीं, न कि केवल वो जो परमेश्वर को न माने। यानी आत्मविश्वास सफलता का सबसे बड़ा सूत्र है। आत्मविश्वास का भी सही मतलब यह है कि खुद में मौजूद परमेश्वर के अलावा मन, बुद्धि, चित्त और अहंकार से पैदा 'मैं' पर भी भरोसा रखें तो बेहतर है।

## ताकतवर बनें

स्वामी विवेकानंद ने शरीर की ताकत को मन के साथ आध्यात्मिक तौर पर मजबूत बनाने व आत्मविश्वास बढ़ाने के लिए जरूरी माना। इसके लिए उन्होंने यहाँ तक कहा है कि कृष्ण या गीता की ज्ञान की शक्ति को समझने के लिए पहले शरीर को मजबूत बनाएँ। इसके लिए गीता पढ़ने से पहले फुटबॉल खेलकर

ताकतवर बनने की नसीहत दी, ताकि युवा फौलादी बनें और मजबूत संकल्प के साथ स्वधर्म को समझ सकें। साथ ही, अधर्म से मुकाबला कर सकें।

## खुद को कमजोर या पापी न मानें

आत्मविश्वास बढ़ाने के लिए जरूरी है कि कभी भी ऐसी सोच खुद के लिए न बनाएँ कि मैं परेशान, कमजोर, पापी, दुःखी, शक्तिहीन हूँ; कुछ भी करने की ताकत नहीं रखता। वेदांत भूल को मानता है, पाप को नहीं, इसलिए ऐसी बातें सोचना भी भूल ही है। इसलिए खुद को शेर मानकर जिएँ, न कि भेड़।

□

# 7
# गौरव का बोध

स्वामी विवेकानंद ने युवाओं का आह्वान करते हुए कहा था कि निराशा, कमजोरी, भय तथा ईर्ष्या—युवाओं के सबसे बड़े शत्रु हैं। युवाओं का उससे भी बड़ा शत्रु स्वयं को कमजोर समझना है। विवेकानंद ने युवाओं को जीवन में लक्ष्य निर्धारण करने के लिए स्पष्ट संकेत दिया कि तुम सदैव सत्य का पालन करो, विजय तुम्हारी होगी। आनेवाली शताब्दियाँ तुम्हारी बाट जोह रही हैं। आनेवाले भारत का भविष्य तुम्हारी कार्यशैली पर ही निर्भर करेगा।

युवाओं के विषय में स्वामी विवेकानंद की वैचारिकी बिल्कुल स्पष्ट थी। उन्होंने कहा था कि हमें कुछ ऐसे युवा चाहिए, जो देश की खातिर अपना सर्वस्व न्योछावर करने को तैयार हों। आज भारत में 13 से 35 आयु वर्ग की कुल जनसंख्या 51 करोड़ है। भारत अपने इन युवाओं की शक्ति के आधार पर ही अपनी परंपरागत छवि का आवरण उतारकर नूतन वैश्विक स्तर की अस्मिता बनाने में सफल रहा है। इन युवाओं की ताकत के आधार पर ही भारत के सतत विकास की धाक अमेरिका जैसा विकसित देश भी स्वीकार कर रहा है।

इस सच्चाई से इनकार नहीं किया जा सकता कि देश की आजादी के बाद भारत को एक शक्तिशाली राष्ट्र बनाने का स्वप्न स्वामी विवेकानंद के अलावा हमारे अन्य युवा नायकों ने भी देखा। निस्संदेह आज का युवा जब सामाजिक संरचना और सामाजिक व्यवस्था में पनपते विरोधाभास तथा राजनेताओं की कथनी और करनी में अंतर देखता है तो उसका व्यवस्था से मोहभंग हो जाता

है। इसलिए आज की आवश्यकता स्वामी विवेकानंद के विचारों को कार्य और व्यवहार में पूरी तरह से अमल में लाना होनी चाहिए।

आज देखने में ये आ रहा है कि राष्ट्र की विकास यात्रा में राष्ट्रवाद से जुड़ी भावनात्मक संवेदनशीलता युवाओं के जीवन से गायब हो रही है। एक ओर सुनहरे भविष्यवाले साधनसंपन्न युवा हैं तो दूसरी ओर समाज के आखिरी छोर पर रहनेवाले बेरोजगार युवा भी हैं। सच्चाई यह है कि युवाओं की सक्रिय भागीदारी समकालीन समाज में सामाजिक हलचल और राजनीतिक दिशाबोध का आवेगमय सूचकांक होती है। संपूर्ण विश्व नूतन दौर की यौवन वेला से गुजर रहा है। देश की आबादी में युवाओं की संख्या में वृद्धि के साथ-साथ लोगों की विचार शैली में भी परिवर्तन आ रहा है। गहराई से विचार करें तो देश के युवा ढाँचे में यह परिवर्तन स्वामी विवेकानंद की भविष्य दृष्टि का ही प्रक्षेपण है।

> ***स्वामी विवेकानंद का कहना है कि बहती हुई नदी की धारा ही स्वच्छ, निर्मल तथा स्वास्थ्यप्रद रहती है। उसकी गति अवरुद्ध हो जाने पर उसका जल दूषित व अस्वास्थ्यकर हो जाता है। नदी यदि समुद्र की ओर चलते-चलते बीच में ही अपनी गति खो बैठे, तो वह वहीं पर आबद्ध हो जाती है।***

स्वामी विवेकानंद का कहना है कि बहती हुई नदी की धारा ही स्वच्छ, निर्मल तथा स्वास्थ्यप्रद रहती है। उसकी गति अवरुद्ध हो जाने पर उसका जल दूषित व अस्वास्थ्यकर हो जाता है। नदी यदि समुद्र की ओर चलते-चलते बीच में ही अपनी गति खो बैठे, तो वह वहीं पर आबद्ध हो जाती है। प्रकृति के समान ही मानव समाज में भी एक सुनिश्चित लक्ष्य के अभाव में राष्ट्र की प्रगति रुक जाती है और सामने यदि स्थिर लक्ष्य हो, तो आगे बढ़ने का प्रयास सफल तथा सार्थक होता है। हमारे आज के जीवन के हर क्षेत्र में यह बात स्मरणीय है।

अब इस लक्ष्य को निर्धारित करने से पूर्व हमें विशेषकर अपने चिरंतन इतिहास, आदर्श तथा आध्यात्मिकता का ध्यान रखना होगा। स्वामीजी ने इसी बात पर सर्वाधिक बल दिया था। देश की शाश्वत परंपरा तथा आदर्शों के प्रति

सचेत न होने पर विश्रृंखलापूर्ण समृद्धि आएगी और संभव है कि अंततः वह राष्ट्र को प्रगति के स्थान पर अधोगति की ओर ही ले जाए। विशेषकर आज के युवा वर्ग को, जिसमें देश का भविष्य निहित है, और जिसमें जागरण के चिह्न दिखाई दे रहे हैं, अपने जीवन का एक उद्देश्य ढूँढ़ लेना चाहिए। हमें ऐसा प्रयास करना होगा, ताकि उनके भीतर जगी हुई प्रेरणा तथा उत्साह ठीक पथ पर संचालित हो। अन्यथा शक्ति का ऐसा अपव्यय या दुरुपयोग हो सकता है कि जिससे मनुष्य की भलाई के स्थान पर बुराई ही होगी।

स्वामी विवेकानंद ने कहा है कि भौतिक उन्नति तथा प्रगति अवश्य ही वांछनीय है, परंतु देश जिस अतीत से भविष्य की ओर अग्रसर हो रहा है, उस अतीत को अस्वीकार करना निश्चय ही निर्बुद्धिता का द्योतक है। अतीत की नींव पर ही राष्ट्र का निर्माण करना होगा। युवा वर्ग में यदि अपने विगत इतिहास के प्रति कोई चेतना न हो, तो उनकी दशा प्रवाह में पड़ी एक लंगरहीन नाव के समान होगी। ऐसी नाव कभी अपने लक्ष्य तक नहीं पहुँचती। इस महत्त्वपूर्ण बात को सदैव स्मरण रखना होगा।

***स्वामीजी ने बताया है कि उन्नति की प्रथम सीढ़ी स्वाधीनता है। स्वाधीनता के अभाव में हम बद्ध हो जाते हैं और इससे क्रमशः हमारा विनाश अवश्यंभावी हो जाता है। इसलिए युवकों को पूर्ण स्वाधीनता देनी होगी, उनके पथ निर्धारण में सहायता भी करनी होगी।***

मान लो कि हम लोग आगे बढ़ते जा रहे हैं, पर यदि हम किसी निर्दिष्ट लक्ष्य की ओर नहीं जा रहे हैं, तो हमारी प्रगति निष्फल रहेगी। आधुनिकता कभी-कभी हमारे समक्ष चुनौती के रूप में आ खड़ी होती है, इसलिए भी यह बात हमें विशेष रूप से याद रखनी होगी। इसी उपाय से आधुनिकता के प्रति वर्तमान झुकाव को देश के भविष्य के लिए उपयोगी एक लक्ष्य की ओर सुपरिचालित किया जा सकता है।

स्वामीजी ने बताया है कि उन्नति की प्रथम सीढ़ी स्वाधीनता है। स्वाधीनता के अभाव में हम बद्ध हो जाते हैं और इससे क्रमशः हमारा विनाश अवश्यंभावी हो जाता है। इसलिए युवकों को पूर्ण स्वाधीनता देनी होगी, उनके पथ निर्धारण में सहायता भी करनी होगी।

स्वामी विवेकानंद ने बारंबार कहा है कि अतीत की नींव के बिना सुदृढ़ भविष्य का निर्माण नहीं हो सकता। अतीत से जीवनशक्ति ग्रहण करके ही भविष्य जीवित रहता है। जिस आदर्श को लेकर राष्ट्र अब तक बचा हुआ है, उसी आदर्श की ओर वर्तमान युवा पीढ़ी को परिचालित करना होगा, ताकि वे देश के महान् अतीत के साथ सामंजस्य बनाकर लक्ष्य की ओर अग्रसर हो सकें।

आधुनिकता कभी-कभी हमारे सामने चुनौती के रूप में आ खड़ी होती है। इसका तात्पर्य यह है कि आधुनिक समाज राष्ट्रहित के लिए उसकी शक्ति का उपयोग करने के प्रयास में अंधकार में भटकता रहता है। आधुनिकता की इस शक्ति को सुनियोजित महान् लक्ष्य की ओर परिचालित करना होगा। इसी कारण स्वामीजी ने कहा है कि युवा वर्ग के सम्मुख एक लक्ष्य स्थापित करना होगा और इस ओर ध्यान देना होगा कि युवजन उत्साह तथा प्रेरणा के साथ अपनी क्षमता का सदुपयोग कर सकें।

युवाशक्ति के भीतर जो सक्रियता एवं उद्दाम भावावेग देखने में आता है, उसकी उपेक्षा नहीं की जा सकती। वे कुछ करने को उत्सुक हैं और यह उसी का लक्षण है। उनके नेतृत्व का भार जिनके ऊपर है, उन वयस्क लोगों को इस विषय में सोचना होगा। युवकों को केवल विधि-निषेध की सीमा में आबद्ध न रखकर, उन्हें स्पष्ट मार्ग दिखाना होगा। प्रायः देखने में आता है कि वयस्क लोगों को युवा वर्ग के केवल दोष ही दिखाई देते हैं।

*युवाशक्ति के भीतर जो सक्रियता एवं उद्दाम भावावेग देखने में आता है, उसकी उपेक्षा नहीं की जा सकती। वे कुछ करने को उत्सुक हैं और यह उसी का लक्षण है। उनके नेतृत्व का भार जिनके ऊपर है, उन वयस्क लोगों को इस विषय में सोचना होगा।*

वयस्कों की गलती यह है कि वे यह जानने का प्रयास नहीं करते कि युवक-युवतियाँ क्या सोचते हैं तथा क्या करना चाहते हैं। इसी कारण वयस्कगण युवा वर्ग की आलोचना करते हैं और इसके फलस्वरूप युवा समाज भी बड़ों की उपेक्षा करता है, उनकी परवाह नहीं करता। तब मामला आग से खेलने जैसा हो जाता है। जो आग घर में दीपक बनकर प्रकाश फैलाती है, वही सबकुछ जलाकर

राख भी कर सकती है। यौवन के भीतर जो शक्ति है, वह भली भी नहीं है और बुरी भी नहीं है, ठीक उपयोग करने पर वह कल्याणकारी होगी तथा दुरुपयोग करने पर विध्वंसक। इसलिए तरुणों के प्रति स्वामीजी का आह्वान है—"अपनी शक्ति को व्यर्थ बरबाद न होने देना। अतीत की ओर देखो, जिस अतीत ने तुम्हें अनंत जीवन रस प्रदान किया है, उससे पुष्ट हों। यदि अतीत की परंपरा का सदुपयोग कर सको, उसके लिए गौरव का बोध कर सको, तो फिर उसका अनुसरण कर अपना पथ निर्धारित करो। वह परंपरा तुम्हें दृढ़ नींव पर प्रतिष्ठित करेगी और इसके फलस्वरूप तुम देखोगे कि देश सामंजस्यपूर्ण समृद्धि की दिशा में अग्रसर हो रहा है।"

इसी प्रकार अपेक्षाकृत अत्यल्प समय के भीतर लक्ष्य तक पहुँचा जा सकेगा। वैज्ञानिकगण नए-नए उपायों से खोज में तरह-तरह के परीक्षण-निरीक्षण किया करते हैं, परंतु वे भी क्या उत्तराधिकार के रूप में प्राप्त अतीत काल की प्रज्ञा पर निर्भर नहीं करते? अणु का आविष्कार आकस्मिक रूप से नहीं हो गया। अनेक युगों के अनेक वैज्ञानिकों की जी-तोड़ खोजों के बाद अंततः वर्तमान शताब्दी में आण्विक शक्ति के अस्तित्व का पता चला है। उसी प्रकार इस क्षेत्र में भी हमें अपने पूर्ववर्तियों के प्रयास को स्मरण रखना होगा।

□

# 8

# भारतीय राष्ट्रवाद के मसीहा

युगपुरुष, वेदांत दर्शन के पुरोधा और करोड़ों युवाओं के प्रेरणास्रोत स्वामी विवेकानंद के जन्म का समय वह था, जब यूरोपीय देशों में भारतीयों व हिंदू धर्म के लोगों को हीनभावना से देखा जा रहा था, समस्त समाज उस समय दिशाहीन हो चुका था। भारतीयों पर अंग्रेजियत हावी हो रही थी, तभी स्वामी विवेकानंद ने जन्म लेकर न केवल हिंदू धर्म को उसका गौरव लौटाया, अपितु विश्व फलक पर भारतीय संस्कृति व सभ्यता का परचम भी लहराया। 'नरेंद्र' से 'स्वामी विवेकानंद' बनने का सफर उनके हृदय में उठते सृष्टि व ईश्वर को लेकर सवाल व अपार जिज्ञासाओं का ही साझा परिणाम था।

समय के साथ नरेंद्र के मन में अंकुरित होता धर्म और समाज परिवर्तन का बीज वटवृक्ष में तब्दील होने लगता है। स्वामी विवेकानंद देश के कोने-कोने में गुरु स्वामी रामकृष्ण परमहंस के आशीर्वाद से धर्म, वेदांत और संस्कृति का प्रचार-प्रसार करने के लिए निकल पड़ते हैं। इसी श्रृंखला में स्वामी विवेकानंद का राजस्थान भी आना होता है। यहीं खेतड़ी के महाराजा अजीतसिंह ने उन्हें 'विवेकानंद' नाम दिया और सिर पर स्वाभिमान की केसरिया पगड़ी पहनाकर अमेरिका के शिकागो में आयोजित विश्व धर्म-परिषद् में हिंदू धर्म व भारतीय संस्कृति का शंखनाद करने के लिए भेजा। स्वामी विवेकानंद को विश्व धर्म-परिषद् में पर्याप्त समय नहीं दिया गया। किसी प्रोफेसर की पहचान से अल्प समय के लिए स्वामी विवेकानंद को शून्य पर बोलने के लिए कहा गया। अपने भाषण के प्रारंभ में जब स्वामी विवेकानंद ने 'मेरे अमेरिकी बहनो और भाइयो'

कहा तो सभा के लोगों के बीच करबद्ध ध्वनि से पूरा सदन गूँज उठा। उनका भाषण सुनकर विद्वान् चकित हो गए। यहाँ तक कि वहाँ के मीडिया ने उन्हें 'साइक्लॉनिक हिंदू' (तूफानी हिंदू) नाम दिया।

स्वामीजी से एक बार एक विदेशी महिला ने कहा—"मैं आपसे शादी करना चाहती हूँ।"

विवेकानंद ने पूछा—"क्यों देवी? पर मैं तो ब्रह्मचारी हूँ।"

महिला ने जवाब दिया—"क्योंकि मुझे आपके जैसा ही एक पुत्र चाहिए, जो पूरी दुनिया में मेरा नाम रोशन करे और वो केवल आपसे शादी करके ही मिल सकता है मुझे।"

विवेकानंद ने कहा—"इसका और एक उपाय है।"

विदेशी महिला ने पूछा—"वो क्या?"

विवेकानंद ने मुसकराते हुए कहा—"आप मुझे ही अपना पुत्र मान लीजिए और आप मेरी माँ बन जाइए, ऐसे में आपको मेरे जैसा पुत्र भी मिल जाएगा और मुझे अपना ब्रह्मचर्य भी नहीं तोड़ना पड़ेगा।"

*महिला हतप्रभ होकर विवेकानंद को ताकने लगी। जब विवेकानंद भारत लौटे तो मिट्टी में लोटने लगे। लोगों ने उन्हें देखकर मान लिया कि स्वामीजी तो पागल हो गए हैं, पर इसके पीछे उनकी महान् सोच व माटी के प्रति गहरी कृतज्ञता का भाव छिपा था।*

महिला हतप्रभ होकर विवेकानंद को ताकने लगी। जब विवेकानंद भारत लौटे तो मिट्टी में लोटने लगे। लोगों ने उन्हें देखकर मान लिया कि स्वामीजी तो पागल हो गए हैं, पर इसके पीछे उनकी महान् सोच व माटी के प्रति गहरी कृतज्ञता का भाव छिपा था।

आज भारत की युवा ऊर्जा अँगड़ाई ले रही है और भारत विश्व में सर्वाधिक युवा जनसंख्यावाला देश माना जा रहा है। इसी युवा शक्ति में भारत की ऊर्जा अंतरनिहित है। साथ ही, युवा पीढ़ी अपनी ऊर्जा के सपनों को किस तरह सकारात्मक रूप में ढालती है, यह भी बेहद महत्त्वपूर्ण है। संयुक्त राष्ट्र संघ की एक रिपोर्ट बताती है कि भारत दुनिया में सबसे बड़ी युवा आबादीवाला देश है। यहाँ लगभग 60 करोड़ लोग 25 से 30 वर्ष के हैं, जबकि

देश की लगभग 65 प्रतिशत जनसंख्या की आयु 35 वर्ष से कम है। यह स्थिति वर्ष 2045 तक बनी रहेगी।

अपनी बड़ी युवा जनसंख्या के साथ भारतीय अर्थव्यवस्था नई ऊँचाई पर जा सकती है। हमें इस युवा शक्ति की सकारात्मक ऊर्जा का संतुलित उपयोग करना होगा। कहते हैं कि युवा वायु के समान होता है। जब वायु पुरवाई के रूप में धीरे-धीरे चलती है तो सबको अच्छी लगती है। सबको बरबाद कर देनेवाली आँधी किसी को भी अच्छी नहीं लगती। हमें इस पुरवाई का उपयोग विज्ञान, तकनीक, शिक्षा और अनुसंधान के क्षेत्र में करना होगा। यदि हम इस युवा शक्ति का सकारात्मक उपयोग करेंगे तो विश्वगुरु ही नहीं, अपितु विश्व का निर्माण करनेवाले विश्वकर्मा के रूप में भी जाने जाएँगे। स्वामी विवेकानंद ने कहा है कि युवाओं के कधों पर, युग की कहानी चलती है। इतिहास उधर मुड़ जाता है, जिस ओर जवानी चलती है। हमें इन भावों को साकार करते हुए अँधेरे को कोसने के बजाय 'अप्प दीपो भवः' की अवधारणा के आधार पर दीपक जला देने की परंपरा का शुभारंभ करना होगा। स्वामी विवेकानंद के अनुसार युवावस्था एक चुनौती है। वह महासागर की उत्ताल तरंगों को फाँदकर अपने उदात्त लक्ष्य का वरण कर सकती है तो नकारात्मक ऊर्जा से संचालित व दिशाहीन होने पर अधःपतन को भी प्राप्त हो सकती है। उसमें ऊर्जा का अनंत स्रोत है, इसलिए उसका संयमन व उचित दिशा में संस्कारयुक्त प्रवाह बहुत आवश्यक है।

***स्वामी विवेकानंद के अनुसार युवावस्था एक चुनौती है। वह महासागर की उत्ताल तरंगों को फाँदकर अपने उदात्त लक्ष्य का वरण कर सकती है तो नकारात्मक ऊर्जा से संचालित व दिशाहीन होने पर अधःपतन को भी प्राप्त हो सकती है।***

स्वामीजी ने सदियों के आलस्य को त्यागने के लिए भारतीयों को प्रेरित किया और उन्हें विश्व नेता के रूप में नए आत्मविश्वास के साथ उठ खड़े होने तथा दलितों व महिलाओं को शिक्षित करने तथा उनके उत्थान के माध्यम से देश को ऊपर उठाने का संदेश दिया। स्वामी विवेकानंद ने घोषणा की कि सभी कार्यों

और सेवाओं को मानव में पूर्णतः व्याप्त ईश्वर की परम आराधना बनाकर वेदांत धर्म को व्यावहारिक बनाया जाना जरूरी है।

अरबिंदो घोष, सुभाषचंद्र बोस, सर जमशेदजी टाटा, रवींद्रनाथ टैगोर तथा महात्मा गांधी जैसे महान् व्यक्तियों ने स्वामी विवेकानंद को भारत की आत्मा को जाग्रत् करनेवाला और भारतीय राष्ट्रवाद के मसीहा के रूप में देखा। योग, राजयोग व ज्ञानयोग जैसे ग्रंथों की रचना करके विवेकानंद ने युवा जगत् को एक नई राह दिखाई है, जिसका प्रभाव जनमानस पर युगों-युगों तक छाया रहेगा। कन्याकुमारी में निर्मित उनका स्मारक आज भी उनकी महानता की कहानी कह रहा है।

अपनी ओजपूर्ण आवाज से लोगों के दिल को छू लेनेवाले स्वामी विवेकानंद निस्संदेह विश्वगुरु थे, जिनके सुलझे हुए विचारों के उजाले ने धर्म की डगर से भटक रही दुनिया को सही राह दिखाई। निर्विवाद रूप से विश्व में हिंदुत्व के ध्वजवाहक रहे विवेकानंद का बौद्धिक तथा आध्यात्मिक शक्ति से भरा व्यक्तित्व और कृतित्व विशेषकर युवा पीढ़ी के लिए प्रेरणा का स्रोत है। विवेकानंद ने अपनी अल्प आयु में ही दुनिया को बहुत-कुछ दिया। उन्होंने विश्व को वेदांत के मर्म से रूबरू कराया। विवेकानंद ने राष्ट्र निर्माण में युवाओं की भूमिका को बहुत महत्त्वपूर्ण माना। वह चाहते थे कि नौजवान पीढ़ी रूढ़िवाद से अछूती रहकर अपनी ऊर्जा का इस्तेमाल देश की तरक्की के लिए करे। विवेकानंद के जन्मदिन को युवा दिवस के रूप में भी मनाया जाता है।

> ***विवेकानंद के जीवन में विचारों की क्रांति भरनेवाले उनके गुरु स्वामी रामकृष्ण परमहंस ने एक बार कहा था कि विवेकानंद एक दिन दुनिया को शिक्षा देंगे और बहुत जल्द अपनी बौद्धिक और आध्यात्मिक शक्तियों से विश्व पर गहरी छाप छोड़ेंगे।***

विवेकानंद के जीवन में विचारों की क्रांति भरनेवाले उनके गुरु स्वामी रामकृष्ण परमहंस ने एक बार कहा था कि विवेकानंद एक दिन दुनिया को शिक्षा देंगे और बहुत जल्द अपनी बौद्धिक और आध्यात्मिक शक्तियों से विश्व पर गहरी छाप छोड़ेंगे। विवेकानंद ने नए

परिप्रेक्ष्य में धार्मिक विचारों के व्यापक प्रचार के लिए वर्ष 1897 में कलकत्ता में रामकृष्ण मिशन की स्थापना की थी। यह शैक्षिक तथा सांस्कृतिक कार्यों के जरिए सामाजिक एवं धार्मिक आंदोलन की शुरुआत थी। रामकृष्ण मिशन आदर्श कर्मयोग पर आधारित है।

विवेकानंद चाहते थे कि देश के युवा रूढ़िवाद से प्रभावित हुए बगैर राष्ट्र निर्माण में अपनी भूमिका को श्रद्धा के साथ निभाएँ। महज 39 वर्षों की जिंदगी में विवेकानंद ने आधुनिकता की दौड़ में धर्म की राह से भटक रही दुनिया को अपने विचारों की ऊर्जा से सही रास्ता दिखाया। विवेकानंद ने साबित किया कि देश के युवा चाहें तो दुनिया में सुविचारों की क्रांति लाकर अपनी पीढ़ियों को एक संपन्न विरासत दे सकते हैं।

उनकी बुद्धि विलक्षण थी, जो पाश्चात्य दर्शन में ढाली गई थी। उन्होंने देकार्त, ह्यूम, कांट, फाखते, स्पिनोजा, हेपिल, शोपेनहावर, कोमट, डार्विन और मिल आदि पाश्चात्य दार्शनिकों की रचनाओं को गहनता से पढ़ा। इन अध्ययनों के कारण उनका दृष्टिकोण आलोचनात्मक और विश्लेषणात्मक हो गया था। प्रारंभ में वे ब्रह्मसमाज की शिक्षाओं से प्रभावित हुए, परंतु वैज्ञानिक अध्ययनों के कारण ईश्वर से उनका विश्वास नष्ट हो गया था। पर्याप्त काल तक वे नास्तिक बने रहे और कोलकाता शहर में ऐसे गुरु की खोज में घूमते रहे, जो उन्हें ईश्वर के अस्तित्व का ज्ञान करा सके।

***जब विवेकानंद परमहंस से मिले तो उनकी आयु केवल 25 वर्ष की थी। परमहंस से उनका मिलना मानो प्राचीन तथा नवीन विचारधारा का मिलन था। परमहंस की अध्यात्मिक विचारधारा ने विवेकानंद को विशेष रूप से प्रभावित किया। परमहंस से मिलने पर विवेकानंद ने उनसे प्रश्न किया कि क्या तुमने ईश्वर को देखा है?***

जब विवेकानंद परमहंस से मिले तो उनकी आयु केवल 25 वर्ष की थी। परमहंस से उनका मिलना मानो प्राचीन तथा नवीन विचारधारा का मिलन था। परमहंस की अध्यात्मिक विचारधारा ने विवेकानंद को विशेष रूप से प्रभावित किया। परमहंस से मिलने पर विवेकानंद ने उनसे प्रश्न किया कि क्या तुमने ईश्वर को देखा है? परमहंस ने मुसकराते हुए कहा, हाँ, देखा है। मैं इसे ऐसे देखता हूँ,

जैसे मैं तुम्हें देखता हूँ। इसके पश्चात् परमहंस ने विवेकानंद का स्पर्श किया। इस स्पर्श से विवेकानंद को एक झटका-सा लगा और उनकी आंतरिक आत्मा चेतन हो उठी। अब उनका आकर्षण परमहंस के प्रति दिन-प्रतिदिन बढ़ने लगा। अब उन्होंने रामकृष्ण के आगे अपने को पूर्णरूप से अर्पित कर दिया और उनके शिष्य बन गए।

11 सितंबर, 1893 को शिकागो 'विश्व धर्म-संसद्' में उन्होंने अत्यंत सारगर्भित भाषण दिया। विवेकानंद का भाषण संकीर्णता से परे सार्वदेशिकता और मानवता से ओतप्रोत था। वहाँ की जनता उनकी वाणी को सुनकर मुग्ध थी। विवेकानंद के शब्दों में, "जिस प्रकार सारी धाराएँ अपने जल को सागर में लाकर मिला देती हैं, उसी प्रकार मनुष्य के सारे धर्म ईश्वर की ओर ले जाते हैं।"

विवेकानंद की प्रशंसा में 'न्यूयॉर्क क्रिटिक' ने लिखा—"वे ईश्वरीय शक्ति प्राप्त वक्ता हैं। उनके सत्य वचनों की तुलना में उनका सुंदर बुद्धिमत्तापूर्ण चेहरा गैरिक वस्त्रों में लिपटा कम आकर्षक नहीं।"

'न्यूयॉर्क हेराल्ड' ने अपने विचार प्रकट करते हुए लिखा—"विवेकानंद निश्चय ही धर्म-परिषद् में सबसे महान् व्यक्ति हैं। उनके प्रवचन सुनने के पश्चात् हम अनुभव करते हैं कि इस प्रकार के विद्वान् देश को मिशनरी भेजना हमारा कितना मूर्खतापूर्ण कार्य है।"

*'न्यूयॉर्क हेराल्ड' ने अपने विचार प्रकट करते हुए लिखा—"विवेकानंद निश्चय ही धर्म-परिषद् में सबसे महान् व्यक्ति हैं। उनके प्रवचन सुनने के पश्चात् हम अनुभव करते हैं कि इस प्रकार के विद्वान् देश को मिशनरी भेजना हमारा कितना मूर्खतापूर्ण कार्य है।"*

स्वामी विवेकानंद के व्याख्यानों के सार पर टिप्पणी करते हुए रोम्याँ रोलाँ ने लिखा—"संसार में कोई भी धर्म मनुष्यता की गरिमा को इतने ऊँचे स्वर में सामने नहीं लाता, जैसा कि हिंदू धर्म लाता है।"

प्रोफेसर राइट विवेकानंद की प्रतिभा से अत्यधिक प्रभावित हुए। उन्होंने लिखा—"स्वामी विवेकानंद का ऐसा व्यक्तित्व है कि अगर इनके व्यक्तित्व की तुलना विश्वविद्यालय के समस्त प्रोफेसरों के ज्ञान को एकत्र करके की जाए, तब भी वे अधिक ज्ञानी सिद्ध होंगे।"

स्वामी विवेकानंद ने फरवरी 1896 में न्यूयॉर्क, अमेरिका में वेदांत समाज की स्थापना की।

अमेरिका से स्वामीजी 15 अप्रैल, 1897 को इंग्लैंड गए। यह सत्य है कि वे भारत में विदेशी शासन से अत्यधिक क्षुब्ध थे। परंतु मानवता प्रेमी होने के कारण उनके हृदय में ब्रिटेन की जनता के विरुद्ध किसी भी प्रकार के वैमनस्य की भावना नहीं थी। ब्रिटिश जनता को संबोधित करते हुए उन्होंने कहा कि "आप लोगों में से कोई भी ऐसा नहीं है, जो ब्रिटिश जनता से उतना प्रेम करता है, जितना कि मैं करता हूँ। इंग्लैंड से वे फ्रांस, स्विट्जरलैंड और जर्मनी गए। जिन-जिन देशों में वे गए, वहाँ उन्होंने भारतीय संस्कृति और हिंदू धर्म के गौरव की अमिट छाप विदेशी विद्वानों पर छोड़ी। लगभग चार वर्ष तक विदेशों में रहकर वे भारत लौटे।

□

# 9

# राष्ट्र भक्ति की प्रेरणा का नेतृत्व

विवेकानंद यद्यपि राजनीतिक आंदोलन के पक्ष में नहीं थे। इस पर भी उनकी इच्छा थी कि एक शक्तिशाली, बहादुर और गतिशील राष्ट्र का निर्माण हो। वे धर्म को राष्ट्रीय जीवनरूपी संगीत का स्थायी स्वर मानते थे। उनका विचार था कि प्रत्येक राष्ट्र का जीवन किसी एक तत्त्व की अभिव्यक्ति है। उदाहरण के लिए धर्म भारत के इतिहास का एक प्रमुख निर्धारक तत्त्व रहा है। स्वामी विवेकानंद के शब्दों में—"जिस प्रकार संगीत में एक प्रमुख स्वर होता है, वैसे ही हर राष्ट्र के जीवन में एक प्रधान तत्त्व होता है। अन्य सभी तत्त्व इसी में केंद्रित होते हैं। प्रत्येक राष्ट्र का अपना अन्य सबकुछ गौण है। भारत का तत्त्व धर्म है। समाज-सुधार तथा अन्य सबकुछ गौण है।"

अन्य शब्दों में विवेकानंद ने राष्ट्रवाद के धार्मिक सिंद्धांत का प्रतिपादन किया। उनका विश्वास था कि धर्म ही भारत के राष्ट्रीय जीवन का प्रमुख आधार बनेगा। उनके विचार में किसी राष्ट्र को गौरवशाली, उसके अतीत की महत्ता की नींव पर ही बनाया जा सकता है। अतीत की उपेक्षा करके राष्ट्र का विकास नहीं किया जा सकता। वे राष्ट्रीयता के आध्यात्मिक पक्ष में विश्वास करते थे। उनका विचार था कि भारत में स्थायी राष्ट्रवाद का निर्माण धार्मिकता के आधार पर ही किया जा सकता है।

विवेकानंद का दृढ़ मत था कि आध्यात्मिकता के आधार पर ही भारत का कल्याण हो सकता है। उन्होंने अपने एक व्याख्यान में स्पष्ट शब्दों में कहा था—"भारत में विदेशियों को आने दो, शस्त्रबल से जीतने दो, किंतु हम भारतीय

अपनी आध्यात्मिकता से समस्त विश्व को जीत लेंगे। प्रेम घृणा पर विजय प्राप्त करेगा। हमारी आध्यात्मिक शक्ति पश्चिम को जीतकर रहेगी। उद्‌बुद्ध और सजीव राष्ट्रीय जीवन की शर्त ही यह है कि हम दर्शन और आध्यात्मिकता से विश्व पर विजय प्राप्त करें।"

राजदर्शन के क्षेत्र में दूसरा महत्त्वपूर्ण अनुदान उनकी स्वतंत्रता की कल्पना है। अखिल ब्रह्मांड में स्वतंत्रता की प्राप्ति के लिए प्रयास किया जा रहा है। स्वतंत्रता आध्यात्मिक प्रगति का मूल है। विवेकानंद के स्वतंत्रता विषयक सिद्धांत अत्यंत व्यापक थे। उनका मत था कि समस्त विश्व अपनी अनवरत गति के माध्यम से गुख्यत स्वतंत्रता ही खोज रहा है। मनुष्य का विकास स्वतंत्रता के वातावरण में ही संभव है। उनके शब्दों में—"शारीरिक, मानसिक तथा आध्यात्मिक स्वतंत्रता की ओर अग्रसर होना तथा दूसरों को उसकी ओर अग्रसर होने में सहायता देना मनुष्य का सबसे बड़ा पुरस्कार है। जो सामाजिक नियम इस स्वतंत्रता के विकास में बाधा डालते हैं, वे हानिकारक हैं और उन्हें शीघ्र नष्ट करने के लिए प्रयत्न करना चाहिए। उन संस्थाओं को प्रोत्साहन दिया जाए, जिनके द्वारा मनुष्य स्वतंत्रता के मार्ग पर अग्रसर होता है।"

*राजदर्शन के क्षेत्र में दूसरा महत्त्वपूर्ण अनुदान उनकी स्वतंत्रता की कल्पना है। अखिल ब्रह्मांड में स्वतंत्रता की प्राप्ति के लिए प्रयास किया जा रहा है। स्वतंत्रता आध्यात्मिक प्रगति का मूल है। विवेकानंद के स्वतंत्रता विषयक सिद्धांत अत्यंत व्यापक थे। उनका मत था कि समस्त विश्व अपनी अनवरत गति के माध्यम से मुख्यत स्वतंत्रता ही खोज रहा है।*

विवेकानंद की सबसे प्रमुख देन शक्ति-सृजन और निर्भयता का संदेश है। वे अत्यंत साहसी, निर्भीक और शक्तिशाली व्यक्ति थे। जब देश परतंत्रता की बेड़ियों में जकड़ा हुआ था और भारतीय जन-मानस हीनता तथा भीरुता से पूर्णतः ग्रस्त था, उस समय विवेकानंद ने अनुभव किया, "सुप्त तथा पददलित भारतीय जनता की शक्ति के अभाव में न तो हम व्यक्तिगत अस्तित्व को स्थिर रख सकते हैं और न ही अपने अधिकारों की रक्षा कर सकते हैं।"

उनके अनुसार, "शक्ति ही धर्म है। मेरे धर्म का सार शक्ति है। जो धर्म हृदय में शक्ति का संचार नहीं करता, वह मेरी दृष्टि में धर्म नहीं है, शक्ति धर्म से बड़ी वस्तु है और शक्ति से बढ़कर कुछ नहीं।" स्वामीजी का कथन था कि प्रत्येक भारतवासी को ज्ञान, चरित्र तथा नैतिकता की शक्तियों का सृजन करना चाहिए। किसी राष्ट्र का निर्माण शक्तियों से होता है, अत: व्यक्तियों को अपने पुरुषार्थ, मानव गरिमा तथा स्वाभिमान आदि श्रेष्ठ गुणों का विकास करना चाहिए।

विवेकानंद ने शक्ति के सृजन के साथ भारतीयों को निर्भय रहने का भी संदेश दिया। उन्होंने निर्भयता के सिद्धांत को दार्शनिक आधार पर उचित ठहराया। उनका मत था कि आत्मा का लक्षण सिंह के समान है, अत: मनुष्य को भी सिंह के समान निर्भय होकर आचरण करना चाहिए। उन्होंने भारतीयों को संबोधित करते हुए कहा—"हे वीर, निर्भीक बनो, साहस धारण करो, इस बात पर गर्व करो कि तुम भारतीय हो और गर्व के साथ घोषणा करो, 'मैं भारतीय हूँ व प्रत्येक भारतीय मेरा भी है'।"

उनके ये शब्द सोए हुए भारतवासियों को जगाने के लिए अत्यंत सामयिक और महत्त्वपूर्ण थे। जिस समय देश की जनता निराशा में डूबी दयनीय जीवन व्यतीत कर रही थी, उस समय शक्ति और निर्भीकता का संदेश देना उनकी प्रखर बुद्धि का ज्वलंत उदाहरण है।

*उनके ये शब्द सोए हुए भारतवासियों को जगाने के लिए अत्यंत सामयिक और महत्त्वपूर्ण थे। जिस समय देश की जनता निराशा में डूबी दयनीय जीवन व्यतीत कर रही थी, उस समय शक्ति और निर्भीकता का संदेश देना उनकी प्रखर बुद्धि का ज्वलंत उदाहरण है।*

## राष्ट्र भक्ति की प्रेरणा

स्वामी विवेकानंद में राष्ट्र भक्ति की भावना कूट-कूटकर भरी थी। वे भारतवासियों को भी मातृभूमि के लिए अपना सबकुछ लुटाने के लिए कहते हैं, उनका कहना था—"मेरे बंधु, बोलो 'भारत की भूमि मेरा परम स्वर्ग है, भारत का

कल्याण मेरा कर्तव्य है, और दिन-रात जपो और प्रार्थना करो, हे गौरीश्वर! हे जगज्जनी, मुझे पुरुषत्व प्रदान करो'।" अन्य स्थल पर उन्होंने कहा कि—"अगले पचास वर्षों तक भारत माता को छोड़कर हमें और किसी का ध्यान नहीं करना है।"

वस्तुत: विवेकानंद भी भारत माता को एक आराध्य देवी मानते थे और उसकी देदीप्यमान प्रतिमा की कल्पना और स्मरण से उनकी आत्म जगमगा उठती थी। यह कल्पना कि भारत देवी माता की दृश्यमान विभूति हैं, बंगाल के राष्ट्रवादियों और देशभक्तों की रचनाओं तथा भाषणों की आधारभूत प्रेरणा-धारणा रही है। उनके लिए देशभक्ति एक शुद्ध और पवित्र आदर्श था।

## सामाजिक दर्शन का नेतृत्व

स्वामी विवेकानंद मुख्य रूप से हमारे सामने एक अध्यात्मवादी और हिंदू धर्म के उद्धारक तथा व्याख्याता के रूप में आते हैं, परंतु सामाजिक क्षेत्र में भी उन्होंने जो चिंतन कर अपने विचार प्रकट किए, उनकी उपेक्षा नहीं की जा सकती। यद्यपि विवेकानंद भारत की प्राचीन संस्कृति के महान् पुजारी थे और उसका मजबूती से प्रचार भी करते थे, परंतु साथ ही उन्होंने प्रचलित रूढ़िवादिता और संकीर्णता के विरुद्ध एक विध्वंसकारी योद्धा के समान संघर्ष भी किया। वे तत्कालीन जाति प्रथा के कटु आलोचक थे। वे मानते थे कि आधुनिक युग में वर्ण-व्यवस्था सामाजिक अत्याचारों को बढ़ावा देनेवाली है। इस वर्ग एवं जाति-व्यवस्था ने भारतीय समाज को खोखला कर दिया है। वे अधिकारवाद के विरोधी थे। सर्वप्रथम उन्होंने परंपरावादी ब्राह्मणों के एकाधिकारवाद पर आघात किया।

*वस्तुत: विवेकानंद भी भारत माता को एक आराध्य देवी मानते थे और उसकी देदीप्यमान प्रतिमा की कल्पना और स्मरण से उनकी आत्म जगमगा उठती थी। यह कल्पना कि भारत देवी माता की दृश्यमान विभूति हैं, बंगाल के राष्ट्रवादियों और देशभक्तों की रचनाओं तथा भाषणों की आधारभूत प्रेरणा—धारणा रही है।*

अस्पृश्यता भारतीय समाज का कोढ़ रहा है। विवेकानंद ने इसका घोर

विरोध किया। उनका कहना था कि "ईश्वर की दृष्टि में सब मनुष्य समान हैं, अत: किसी विशेष जाति या वर्ग को हीन दृष्टि से देखना अत्यंत क्रूरता है और वास्तव में यह अत्यंत दु:खद है। अछूतों को वे समान अधिकार मिलने चाहिए, जिनका कि उपभोग उच्च जातियाँ करती हैं।"

स्वामी विवेकानंद भारतीय संस्कृति के महान् पुजारी थे। उनका कथन था कि देश के बुद्धिजीवियों को पाश्चात्य संस्कृति की चमक-दमक में भारतीय संस्कृति को नहीं भूल जाना चाहिए।

## सामाजिक एकता का नेतृत्व

***स्वामी विवेकानंद ने संपूर्ण भारत का भ्रमण करने के पश्चात् देखा कि देश की अधिकांश निर्धन जनता अत्यंत दरिद्रता का जीवन व्यतीत करती है। उन्होंने यह भी अनुभव किया कि इस व्यापक दरिद्रता और निर्धनता का मूल कारण यहाँ के निवासियों का आलसी और भाग्यवादी होना है।***

स्वामीजी का विचार था कि भारतवासियों को अपनी एकता को बनाए रखने का प्रयास करना चाहिए। यदि देशवासी ब्राह्मण-अब्राह्मण, द्रविड़-आर्य आदि विवादों में ही पड़े रहेंगे तो उनका कल्याण नहीं हो सकेगा।

स्वामी विवेकानंद ने संपूर्ण भारत का भ्रमण करने के पश्चात् देखा कि देश की अधिकांश निर्धन जनता अत्यंत दरिद्रता का जीवन व्यतीत करती है। उन्होंने यह भी अनुभव किया कि इस व्यापक दरिद्रता और निर्धनता का मूल कारण यहाँ के निवासियों का आलसी और भाग्यवादी होना है।

## स्त्रियों के उत्थान का नेतृत्व

स्वामी विवेकानंद ने भारत की स्त्रियों की दीन-हीन दशा को देखा और उन्होंने उनके अधिकारों तथा उनके सुधार के लिए अपनी आवाज बुलंद की। उनका कथन है कि वैदिककाल में भारतीय स्त्रियाँ पुरुषों के समक्ष समस्त अधिकारों का उपभोग करती थीं तथा उन्हें प्रत्येक प्रकार के ज्ञान प्राप्त करने की स्वतंत्रता थी; परंतु यह दु:ख का विषय है कि आज भारत की नारी केवल

उपभोग की वस्तु मात्र बनकर रह गई है। पुरुष उसे केवल दासी मात्र समझते हैं, परंतु यदि हमने स्त्रियों की दशा को नहीं सुधारा तो राष्ट्र कल्याण की कल्पना करना पूर्णतः व्यर्थ है।

## यूरोपीकरण के विरोध का नेतृत्व

विवेकानंद पश्चिम की अच्छी बातें ग्रहण करने के तो पक्ष में थे, परंतु पश्चिम की आँख मींचकर नकल करने के वे पूर्णतया विरोधी थे। उनका कथन था कि भारत को पश्चिम के अंधानुकरण की प्रेरणा देना मूर्खतापूर्ण होगा। उनके शब्दों में—"हमें अपनी प्रकृति के स्वभाव के अनुसार विकसित होना चाहिए। विदेशी समाजों की कार्य-प्रणालियों को अपनाना व्यर्थ है।"

विवेकानंद ने भारतवासियों में एक नवीन उत्साह तथा चेतना का संचार करके राष्ट्रीय जागरण में जो योगदान किया, वह सदा अविस्मरणीय रहेगा। रामधारी सिंह 'दिनकर' के शब्दों में, "विवेकानंद ने हिंदू धर्म और भारतीय संस्कृति की जो सेवा की, उसका मूल्य नहीं चुकाया जा सकता।"

संसार के सम्मुख भारतीय संस्कृति और सभ्यता की श्रेष्ठता की सर्वोच्चता का डंका बजने का श्रेय श्री विवेकानंद को ही जाता है, अपनी ओजस्वी वाणी द्वारा सोए हुए हिंदुओं में स्वाभिमान और आत्मगौरव की भावना का जो संचार किया, वह उपेक्षित नहीं किया जा सकता।

*संत विवेकानंद अमर तुम, अमर तुम्हारी पावन वाणी।*
*तुम्हें सदा ही शीश नवाते, भारत के प्राणी-प्राणी॥*

□

# 10
# राष्ट्रीय चेतना का नेतृत्व

स्वामी विवेकानंद ने अपने उपदेशों और क्रांतिकारी विचारों के माध्यम से हिंदुओं में राष्ट्रीय चेतना और स्वाभिमान की भावना उत्पन्न कर उन्हें भारत राष्ट्र की अस्मिता की रक्षा के लिए सतत संघर्ष करते रहने की प्रेरणा दी। स्वामीजी के तेजस्वी व्यक्तित्व और ओजस्वी वाणी में ऐसा विलक्षण आकर्षण था कि साधारण व्यक्ति से लेकर अग्रणी बुद्धिजीवी तक उनके प्रति श्रद्धावनत हो उठते थे। अल्प समय में ही स्वामीजी ने हिंदू धर्म और भारतीय संस्कृति की विजय पताका सात समुद्र पार के अनेक देशों में फहराकर अपने भारत राष्ट्र को गौरवान्वित करने में सफलता प्राप्त की थी।

लगता है मानो 'नरेंद्र' का प्रादुर्भाव ही अपनी विलक्षण प्रतिभा तथा तेजोमय व्यक्तित्व के माध्यम से विदेशी दासता के बंधनों में जकड़े हुए भारत राष्ट्र में स्वाभिमान की भावना का संचार करने व संसार भर में सनातन धर्म के आध्यात्मिक मूल्यों का संदेश पहुँचाने के लिए हुआ। प्रसिद्ध फ्रांसीसी दार्शनिक रोम्याँ रोलाँ ने उनके विषय में ठीक ही लिखा है—"उनके द्वितीय होने की कल्पना भी करना असंभव है। वे जहाँ भी पहुँचे, अद्वितीय रहे। हर कोई उनमें अपने नेता का, मार्गदर्शक का दर्शन करता था। वे ईश्वर के प्रतिनिधि थे और सब पर प्रभुत्व प्राप्त कर लेना ही उनकी विशिष्टता थी।"

स्वामी विवेकानंद ने निराशा, आत्मबोधहीनता और अज्ञान से निकलकर किस तरह जिजीविषा के साथ निर्भय होकर अमरत्व की ओर बढ़ें, हिंदू चिंतन विशेषकर उपनिषदों के आह्वान को बोधगम्य बनाकर जब प्रस्तुत किया, तो

न केवल ईसाइयत की श्रेष्ठता के अहंकार पर चढ़कर आई साम्राज्यवादी निरंकुशता का दंभ चूर-चूर हो गया, बल्कि यूरोप और अमरीकावासी तो उन्मत्त होकर उनके पीछे दौड़ने लगे, मानो उन्हें कोई त्राता मिल गया हो। उनके विदेश प्रवास काल में घटित ऐसे अनेक प्रसंग और वहाँ के अखबारों में प्रकाशित स्वामीजी के चुंबकीय आकर्षण की यशोगाथा वहाँ उनका जादू छा जाने के साक्षी हैं। प्रेम, सेवा और बंधुत्व के मार्ग पर चलकर समस्त मानवता के लिए स्वार्थ-भेद-संघर्ष से परे सुखमय, कल्याणकारी व शांतिपूर्ण जीवन का उनका संदेश पाश्चात्य भोगवादी और विभेदकारी सभ्यता से तप्त हृदयों के लिए मानो अमृतवर्षा जैसा था। उनके सम्मोहन में बँधा समस्त यूरोप व अमरीका धन्य-धन्य कह उठा।

*प्रेम, सेवा और बंधुत्व के मार्ग पर चलकर समस्त मानवता के लिए स्वार्थ-भेद-संघर्ष से परे सुखमय, कल्याणकारी व शांतिपूर्ण जीवन का उनका संदेश पाश्चात्य भोगवादी और विभेदकारी सभ्यता से तप्त हृदयों के लिए मानो अमृतवर्षा जैसा था। उनके सम्मोहन में बँधा समस्त यूरोप व अमरीका धन्य-धन्य कह उठा।*

जिस समय स्वामी विवेकानंद का आविर्भाव हुआ, देश गुलामी की जंजीरों में जकड़ा था। देश के उस पराधीनता काल में भी किसी भी तरह की आत्महीनता के बजाय भारत को, हिंदू चिंतन को विश्व में प्रतिष्ठा दिलाकर, भारत को पराधीन कर विजय के दंभ में जी रही यूरोपीय जातियों व देशों को फटकार लगाकर एक दिग्विजयी योद्धा की भाँति स्वामी विवेकानंद भारत लौटे तो देश का जनमानस गर्वोन्नत होकर उनके स्वागत में पलक-पाँवड़े बिछाकर खड़ा था, लेकिन स्वामीजी मद्रास के समुद्रतट पर जहाज से उतरकर मातृभूमि की रज में लोट-पोट हो रहे थे, आनंद अश्रुओं से विगलित अवस्था में वे बेसुध-से हो गए, मानो वर्षों से माँ की गोद से बिछुड़ा कोई अबोध बालक माँ के अंक में आकर विश्रांति पा गया हो। मातृभूमि के स्पर्श से उनके आनंद का तो पारावार ही नहीं था, वर्षों भोगवादी पश्चिम की भूमि पर विचरण कर लौटे स्वामी विवेकानंद मानो भारत की रज के स्पर्श से चिरंतन शुचिता के संस्कार में अवगाहन कर रहे थे। ऐसी भी

उनकी भारत भक्ति, मातृभूमि के प्रति अखंड साधना और हिंदू चिंतन, भारतीय जीवनमूल्यों-संस्कारों के प्रति अडिग विश्वास व अगाध आस्था।

उन्होंने भारत भ्रमण कर निरंतर देशवासियों को जगाया, अपने समाज जीवन की कुरीतियों, मानसिक जड़ता और अंधविश्वासों के कुहासे को चीरकर अपने स्वत्व को पहचानने व अपने पूर्वजों की थाती को सँभालने का आह्वान किया। भारत माता को साक्षात् देवी मानकर उसके उत्कर्ष के लिए उसकी सेवा में सर्वस्व न्योछावर कर देने की भावना, दरिद्रनारायण की सेवा, स्त्री चेतना का जागरण, शिक्षा का प्रसार, राष्ट्रोन्नयन में युवाओं की भूमिका, उनका चरित्र निर्माण, उनका बलशाली बनना, सांस्कृतिक राष्ट्रवाद का बोध, भारत की आध्यात्मिक चेतना का प्रवाह, जाति, पंथ भेद से ऊपर उठकर सामाजिक समरसता व लोक कल्याण द्वारा भारत का उत्थान, राष्ट्रीय एकात्मभाव का जागरण, हिंदू संस्कृति का गौरवबोध, झोपड़ियों में से भारत उदय का आर्थिक चिंतन, ऐसी बहुआयामी सार्वकालिक विचार-दृष्टि स्वामीजी ने हमें दी, जो हमारे वैयक्तिक, सामाजिक व राष्ट्रजीवन के सर्वतोमुखी उत्कर्ष की भावभूमि है।

*रामधारी सिंह 'दिनकर' ने अपनी पुस्तक 'संस्कृति के चार अध्याय' में लिखा है कि "अभिनव भारत को जो कुछ कहना था, वह विवेकानंद के मुख से उद्गीर्ण हुआ। अभिनव भारत को जिस दिशा की ओर जाना था, उसका स्पष्ट संकेत विवेकानंद ने दिया।*

रामधारी सिंह 'दिनकर' ने अपनी पुस्तक 'संस्कृति के चार अध्याय' में लिखा है कि "अभिनव भारत को जो कुछ कहना था, वह विवेकानंद के मुख से उद्गीर्ण हुआ। अभिनव भारत को जिस दिशा की ओर जाना था, उसका स्पष्ट संकेत विवेकानंद ने दिया। विवेकानंद वह सेतु हैं, जिस पर प्राचीन और नवीन भारत परस्पर आलिंगन करते हैं। विवेकानंद वह समुद्र हैं, जिसमें धर्म और राजनीति, राष्ट्रीयता और अंतरराष्ट्रीयता तथा उपनिषद् और विज्ञान, सबके सब समाहित होते हैं।"

रवींद्रनाथ ठाकुर ने कहा है, "यदि काई भारत को समझना चाहता है तो उसे विवेकानंद को पढ़ना चाहिए।"

महर्षि अरविंद का वचन है कि "पश्चिमी जगत् में विवेकानंद को जो सफलता मिली, वही इस बात का प्रमाण है कि भारत केवल मृत्यु से बचने को नहीं जगा है, वरन् वह विश्व-विजय करके दम लेगा।"

आज के उथल-पुथल भरे माहौल में पुन: आवश्यकता है कि एक बार फिर विवेकानंद की सिंह-गर्जना भारतीयता से विमुख बंद दिमागों की खिड़की खोले, उनके अंत:करण में छाए वैचारिक विभ्रम के कुहासे को छाँट दे, भारत भक्ति से ओतप्रोत हृदयों में आशा व विश्वास का संचार करे और भारत फिर अँगड़ाई लेकर 'इंडिया' को मात देता हुआ उठ खड़ा हो। इसके लिए आवश्यकता है कि स्वामी विवेकानंद के विचार केवल बौद्धिक चिंतन तक ही न रहें, बल्कि व्यावहारिक धरातल पर भी साकार हों और देश का चित्र बदले, यह आवश्यक है। भारत का जो चित्र स्वामीजी की अंतश्चेतना में उभरता था, वह केवल सुखी, समृद्ध, शक्तिशाली भारत का नहीं था, बल्कि एक संपन्न, सशक्त, स्वाभिमानी राष्ट्र के रूप में भारत विश्व का मार्गदर्शन करे, अपने गौरव बोध के साथ समूची मानव जाति को सुख-शांति व कल्याण का मार्ग दिखाए, भारत माता फिर से विश्वगुरु के सिंहासन पर आरूढ़ हो विश्व पूज्य बने। यह संकल्प तभी पूर्ण होगा, जब हम स्वामी विवेकानंद के विचार को 'मनसा-वाचा-कर्मणा' जिएँगे।

□

# 11

# विवेकानंद का शैक्षिक नेतृत्व

स्वामी विवेकानंद वेदांत और पाश्चात्य शिक्षा—दोनों को साथ रखकर शिक्षा को आगे की ओर लाना चाहते थे। शिक्षा के प्रति उनका वैज्ञानिक दृष्टिकोण था। स्वामी विवेकानंद का लक्ष्य समाज सेवा, जनशिक्षा, धार्मिक पुनरुत्थान और शिक्षा द्वारा जागरूकता लाना, मानव की सेवा आदि था। शिक्षा से अगर सामाजिक परिवर्तन आता है तो स्वामीजी के शिक्षा संबंधी चिंतन अत्यंत मौलिक हैं।

स्वामी विवेकानंद के शैक्षिक चिंतन में शुद्धता और शक्ति को आत्मसात् करना है। अपने शैक्षिक चिंतन के आधार पर भारतीय संस्कृति की ख्याति यूरोप और अमेरिका में फैलाने में वे सफल हुए थे। स्वामी विवेकानंद के शैक्षिक विचारों में उत्तम कोटि की बौद्धिकता और विजय की गहनता यत्र-तत्र अमूल्य हीरों की तरह उपलब्ध है।

भारत एक बहुधार्मिकता और धर्म का देश है। इसमें प्रत्येक धर्म का ग्रंथ, आचार-विचार और नियम अलग-अलग हैं, किंतु स्वामी विवेकानंदजी ने उन सबके एक तत्त्व को जानकर उसका शिक्षा में समावेश किया है। वे सभी धर्म को समान मानते थे। स्वामीजी की शिक्षा से संबंधी परिभाषा—"शिक्षा मनुष्य की अंतर्निहित पूर्णता की अभिव्यक्ति है।" स्वामीजी के अनुसार, "सारी शिक्षा और समस्त प्रशिक्षण का एकमात्र उद्देश्य मनुष्य का निर्माण होना चाहिए।" उनके शैक्षिक चिंतन को निम्नलिखित बिंदुओं से स्पष्ट किया जा सकता है—

- शिक्षा द्वारा मनुष्य में मानव प्रेम, समाज सेवा, विश्व चेतना और विश्व बंधुत्व के गुणों का विकास करना है।
- शिक्षा का उद्देश्य आंतरिक एकता के बाह्य जगत् में प्रकट करना, ताकि वह खुद को भली-भाँति समझे।
- शिक्षा का मुख्य उद्देश्य मनुष्य का शारीरिक, मानसिक, भावनात्मक, धार्मिक, नैतिक, चारित्रिक, सामाजिक, व्यावसायिक विकास करना है।
- शिक्षा द्वारा मानव में देशभक्ति जाग्रत् करना।
- शिक्षा से मानव की वैचारिक मुक्तता करना।
- शिक्षा द्वारा आत्मविश्वास, आत्मश्रद्धा, आत्मत्याग, आत्मनियंत्रण, आत्मनिर्भरता, आत्मज्ञान जैसे अलौकिक सद्गुणों का विकास करना।
- शिक्षा द्वारा मानव के ज्ञान चक्षुओं को खोलना।
- राष्ट्र, गुरु और आदर्श के प्रति श्रद्धा और चेतना को जाग्रत् करना।

स्वामीजी शिक्षा का व्यापक अर्थ स्पष्ट करते हुए कहते हैं कि जिस शिक्षा से हम अपना जीवन निर्माण कर सकें, चरित्र गठन कर सकें और विचारों का सामंजस्य कर सकें, वही वास्तव में शिक्षित कहलाने योग्य है। वे धार्मिक या भारतीय शिक्षा और पाश्चात्य शिक्षा दोनों का समन्वय करना चाहते थे।

> ***स्वामीजी शिक्षा का व्यापक अर्थ स्पष्ट करते हुए कहते हैं कि जिस शिक्षा से हम अपना जीवन निर्माण कर सकें, चरित्र गठन कर सकें और विचारों का सामंजस्य कर सकें, वही वास्तव में शिक्षित कहलाने योग्य है।***

स्वामी विवेकानंद ने धर्म की शिक्षा, नारी शिक्षा, जन शिक्षा के संबंध में शिक्षा पर बल दिया। स्वामीजी शिक्षा को व्यवसायमूलक, जीवन मूल्यों से परिपूर्ण, विचारोत्तेजक और मानव निर्मित दिशा देने के पक्ष में थे। सामाजिक निरंकुशता और अंधविश्वास का नाश करना शिक्षा का प्रथम कर्तव्य है। विद्यार्थियों के विकास के लिए कला, विज्ञान, साहित्य और संस्कृति के लिए अवसर प्रदान करना। उनका कहना था कि भारत में शिक्षा के प्रसार के फलस्वरूप समाजशास्त्रीय, अर्थपूर्ण सामाजिक गतिशीलता नहीं आ पाई है। वे भारतीय समाज का पूरी तरह सुधार

चाहते थे। उन्होंने ऐसे भारत की कल्पना की, जो परंपरागत अंधविश्वास, पाखंड, अकर्मण्यता, जड़ता और आधुनिक सनक और कमजोरियों से स्वतंत्र होकर आगे बढ़ सके। उनके अनुसार भारतीय समाज का विकास आंशिक वर्गगत और आंचलिक रूप से संभव नहीं।

स्वामी विवेकानंद ने भौतिकवादी पाश्चात्य समाज में आध्यात्मिक योग और वेदांत की शिक्षा का प्रभाव डाला। वे उन भारतीय चिंतकों में से हैं, जिन्होंने भारतीय इतिहास की समाजशास्त्रीय और यथार्थवादी परिभाषा की। वे कहते थे कि आधुनिकीकरण की होड़ का आधार भी भारतीय संस्कृति होना चाहिए।

स्वामीजी के शिक्षा संबंधी विचारों का भारतीय सामाजिक और आर्थिक जीवन पर प्रभाव पड़ा। उनके विचारों को आधार बनाकर ज्ञान की शिक्षा पद्धति में सुधार लाना संभव है। उनका यह उपदेश देशवासियों के लिए यथार्थवादी, उद्‌देश्यपूर्ण और शाश्वत है।

□

## 12

# प्रबल धर्म-नेतृत्वकर्ता बनना

स्वामीजी के अनुसार, किसी एक धर्म का सत्य होना अन्य सभी धर्मों के सत्य होने के ऊपर निर्भर करता है। उदाहरणस्वरूप, अगर मेरी छह उँगलियाँ हैं और किसी दूसरे व्यक्ति के नहीं हैं, तो तुम कह सकते हो कि मेरी छह उँगलियों का होना असामान्य है। यही बात इस तर्क के संबंध में भी कही जा सकती है कि कोई एक धर्म सत्य है और अन्य सभी झूठे हैं। किसी एक ही धर्म का सत्य होना वैसा ही अस्वाभाविक है, जैसा संसार में किसी एक ही व्यक्ति के छह उँगलियों का होना। इस तरह हम देखते हैं कि अगर कोई एक धर्म सत्य है तो अन्य सभी धर्म भी सत्य हैं। उनके असारभूत तत्त्वों में अंतर पड़ सकता है, पर तत्त्वतः सभी एक हैं। अगर मेरी पाँच उँगलियाँ सत्य हैं, तो वे सिद्ध करती हैं कि तुम्हारी पाँच उँगलियाँ भी सत्य हैं।

धर्म का अध्ययन अब पहले की अपेक्षा अधिक व्यापक आधार पर होना चाहिए। धर्म संबंधी सभी संकीर्ण, सीमित, युद्धरत धारणाओं को नष्ट होना चाहिए। संप्रदाय, जाति या राष्ट्र की भावना पर आधारित सारे धर्मों का परित्याग करना होगा। हर जाति या राष्ट्र का अपना-अपना अलग ईश्वर मानना और दूसरों को भ्रांत कहना एक अंधविश्वास है, उसे अतीत की वस्तु हो जाना चाहिए। ऐसे सारे विचारों से मुक्ति पानी होगी। अब प्रश्न आता है कि क्या धर्म सचमुच कुछ कर सकता है? हाँ, कर सकता है।

यह मनुष्य को शाश्वत जीवन प्रदान करता है। आज मनुष्य जिस स्थिति में है, वह धर्म ही की बदौलत है और धर्म ही इस मानव पशु को एक ईश्वर बना

देगा। यह है धर्म की क्षमता। मानव समाज से धर्म को निकाल दो, फिर शेष क्या बचेगा ? पशुओं से भरे जंगल के अतिरिक्त कुछ भी नहीं। जैसा कि मैं अभी कह चुका हूँ, इंद्रिय-सुख को मानवता का चरम लक्ष्य मानना महज मूर्खता है; मानव जीवन का लक्ष्य ज्ञान है।

पशु जितना आनंद अपनी इंद्रियों के माध्यम से पाता है, उससे अधिक आनंद मनुष्य अपनी बुद्धि के माध्यम से अनुभव करता है। साथ ही हम यह भी देखते हैं कि मनुष्य आध्यात्मिक प्रकृति या बौद्धिक प्रकृति से भी अधिक आनंद प्राप्त करते हैं। इसलिए मनुष्य का परम ज्ञान आध्यात्मिक ज्ञान ही है। इस ज्ञान के होते ही परमानंद की प्राप्ति होती है। संसार की सारी चीजें मिथ्या, छायामात्र हैं, वे परम ज्ञान और आनंद की तृतीय या चतुर्थ स्तर की अभिव्यक्तियाँ हैं।

मुख्य बात है ईश्वर-प्राप्ति की आकांक्षा। हमारे सभी स्वार्थों की पूर्ति बाहरी संसार द्वारा हो जाती है। अत: हमें ईश्वर के सिवा अन्य सभी वस्तुओं की आकांक्षा होती है। अत: जब हमें इस बाह्य संसार के उस पार की चीजों की आवश्यकता होती है, तभी हम उनकी पूर्ति अंतस्थ स्रोत या ईश्वर से करना चाहते हैं। हमारी आवश्यकताएँ जब तक इस भौतिक सृष्टि की संकुचित सीमा के भीतर की वस्तुओं तक ही परिमित रहती हैं, तब तक हमें ईश्वर की कोई जरूरत नहीं पड़ती। जब हम यहाँ की हर एक चीज से तृप्त होकर ऊब जाते हैं, तभी हमारी सृष्टि अपनी आवश्यकताओं की पूर्ति के लिए इस सृष्टि के परे दौड़ती है। जब आवश्यकता होती है, तभी उसकी माँग भी होती है। इसलिए इस संसार की बालक्रीड़ा से जितनी जल्दी हो सके, निपट लो। तभी तुम्हें इस संसार के परे की किसी वस्तु की आवश्यकता प्रतीत होगी, धर्म के प्रथम सोपान पर तुम कदम रख सकोगे।

*पशु जितना आनंद अपनी इंद्रियों के माध्यम से पाता है, उससे अधिक आनंद मनुष्य अपनी बुद्धि के माध्यम से अनुभव करता है। साथ ही हम यह भी देखते हैं कि मनुष्य आध्यात्मिक प्रकृति या बौद्धिक प्रकृति से भी अधिक आनंद प्राप्त करते हैं। इसलिए मनुष्य का परम ज्ञान आध्यात्मिक ज्ञान ही है।*

धर्म का उद्देश्य धर्म ही है। जो धर्म केवल सांसारिक सुख का साधन मात्र है, वह अन्य चाहे जो कुछ भी हो, पर धर्म नहीं है। हरेक धर्म का लक्ष्य तथा साध्य भगवत्प्राप्ति ही है। सभी शिक्षाओं से बड़ी शिक्षा केवल भगवान् की ही आराधना करने की है। धर्म एक ही है, परंतु इसकी साधना में अनेकता होनी ही चाहिए। मनुष्य किसी धर्म में जन्म नहीं लेता, उसका धर्म तो उसकी आत्मा में ही सन्निहित होता है।

धर्म के बारे में कभी झगड़ा मत करो। धर्म संबंधी सभी झगड़ा-फसादों से केवल यह प्रकट होता है कि आध्यात्मिकता नहीं है। धार्मिक झगड़े सदा खोखली बातों के लिए होते हैं, जब पवित्रता नहीं रहती, जब आध्यात्मिकता विदा हो जाती है और आत्मा को नीरस बना देती है, तब झगड़े शुरू होते हैं, इससे पहले नहीं। धर्म ईश्वर की प्राप्ति है।

*धर्म का उद्देश्य धर्म ही है। जो धर्म केवल सांसारिक सुख का साधन मात्र है, वह अन्य चाहे जो कुछ भी हो, पर धर्म नहीं है। हरेक धर्म का लक्ष्य तथा साध्य भगवत्प्राप्ति ही है। सभी शिक्षाओं से बड़ी शिक्षा केवल भगवान् की ही आराधना करने की है। धर्म एक ही है, परंतु इसकी साधना में अनेकता होनी ही चाहिए।*

सच्चा धर्म पूर्ण रूप से परात्पर भूमि का विषय है। विश्व में रहनेवाले प्रत्येक जीव में इंद्रियातीत होने की शक्ति सुप्त भाव में विद्यमान है। छोटे-से-छोटा कीड़ा भी एक दिन इंद्रियातीत हो जाएगा और परमेश्वर तक पहुँच जाएगा। कोई भी जीवन व्यर्थ न होगा। इस विश्व में 'व्यर्थ' नामक कोई वस्तु है ही नहीं। धर्म अधिकांश लोगों के लिए एक प्रकार की बौद्धिक सम्मति देने मात्र में ही समाप्त हो जाता है, मैं इसे धर्म नहीं कहता। इस तरह का धर्म पालन करने की अपेक्षा तो नास्तिक होना अच्छा है। तुम इस बात को ध्यान में रखो कि धर्म न बातों में है, न सिद्धांतों में और न पुस्तकों में, वह है प्रत्यक्ष अनुभव में।

यहाँ धर्म के क्षेत्र में हम सब बच्चे ही हैं। हम उम्र में चाहे बूढ़े हों, संसार की सारी पुस्तकों का अध्ययन चाहे हमने कर लिया हो, पर आध्यात्मिक क्षेत्र में

तो हम सब बच्चे ही हैं। हमने सूत्रों और सिद्धांतों का तो अध्ययन किया है, पर अपने जीवन में अनुभूति या साक्षात्कार कुछ भी नहीं किया।

कुछ व्यक्तियों की धारणा है कि दुनिया में केवल एक ही धर्म, एक ही ईश्वरावतार या एक ही पैगंबर हो सकता है, किंतु यह धारणा सत्य नहीं है। इन सब महापुरुषों के जीवन का अध्ययन और मनन करने पर हमें ज्ञात होगा कि उनमें से प्रत्येक को विधाता ने मानो केवल एक, बस एक अंश का अभिनय करने के लिए ही निर्दिष्ट किया था। हम यह भी देखेंगे कि सब स्वरों के समन्वय से ही एकलयता उत्पन्न होती है, किसी एक स्वर से नहीं।

मैंने अपने अल्प अनुभव से यही सीखा है कि धर्म में जो दोष एवं त्रुटियाँ लोग देखते हैं, उनके लिए धर्म का कोई उत्तरादायित्व नहीं है, उसमें धर्म का कोई दोष नहीं है। धर्म ने कभी मनुष्यों पर अत्याचार करने की आज्ञा नहीं दी, धर्म ने कभी स्त्रियों को चुड़ैल और डायन कहकर जीवित जला देने का आदेश नहीं दिया, किसी धर्म ने कभी इस प्रकार अन्यायपूर्ण कार्य करने की शिक्षा नहीं दी। तब लोगों को ये अत्याचार, ये अनाचार करने के लिए किसने उत्तेजित किया? राजनीति ने, धर्म ने नहीं और यदि इस प्रकार कुटिल राजनीति धर्म का स्थान अपहरण कर ले, धर्म का नाम धारण कर ले, तो यह दोष किसका है?

> ***कुछ व्यक्तियों की धारणा है कि दुनिया में केवल एक ही धर्म, एक ही ईश्वरावतार या एक ही पैगंबर हो सकता है, किंतु यह धारणा सत्य नहीं है। इन सब महापुरुषों के जीवन का अध्ययन और मनन करने पर हमें ज्ञात होगा कि उनमें से प्रत्येक को विधाता ने मानो केवल एक, बस एक अंश का अभिनय करने के लिए ही निर्दिष्ट किया था।***

मेरा धर्म अथवा तुम्हारा धर्म, मेरा राष्ट्रीय धर्म तथा तुम्हारा राष्ट्रीय धर्म अथवा नाना प्रकार के अलग-अलग धर्म आदि विषय वास्तव में कभी नहीं थे। संसार में केवल एक ही धर्म है। अनंत काल से केवल एक ही सनातन धर्म चला आ रहा है और सदा वही रहेगा और यही एक धर्म भिन्न-भिन्न देशों में भिन्न-भिन्न रीति से प्रकट होता है। मैं यह नहीं समझ पाता कि कुछ

लोग यह कहते हुए भी कि "मैं ईश्वर में पूर्ण श्रद्धा रखता हूँ", यह भाव कैसे रखते हैं कि ईश्वर ने कुछ थोड़े से ही लोगों को सब सत्य का ठेका दे दिया है और वे ही सारी शेष मनुष्य जाति के संरक्षक हैं।

समस्त धर्म-जगत् भिन्न-भिन्न रुचिवाले स्त्री-पुरुषों की, विभिन्न अवस्थाओं एवं परिस्थितियों में से होते हुए एक ही लक्ष्य की ओर यात्रा है, प्रगति है। प्रत्येक धर्म जड़भावापन्न मानव से एक ईश्वर का उद्‌भव कर रहा है और वही ईश्वर उन सबका प्रेरक है। मनुष्य को ईश्वर का साक्षात्कार करके दिव्य बनना है। मूर्तियाँ, मंदिर, गिरजाघर या ग्रंथ तो धर्म-जीवन की बाल्यावस्था में केवल आधार या सहायक मात्र हैं; पर उससे उत्तरोत्तर उन्नति ही करनी चाहिए।

मनुष्य को ईश्वर-प्राप्ति करनी चाहिए, ईश्वर का अनुभव करना चाहिए, ईश्वर का प्रत्यक्ष दर्शन करना चाहिए तथा उससे बातचीत करनी चाहिए, यही धर्म है। मानव मात्र के लिए स्नेह और दया ही सच्ची धार्मिकता की परख है। जब जीवन की वर्तमान अवस्था में भयानक अशांति उत्पन्न हो जाती है, तब अपने जीवन के प्रति भी ममता नहीं रह जाती, जब इस जोड़-गाँठ पर अपार घृणा उत्पन्न हो जाती है, जब मिथ्या और पाखंड के प्रति प्रबल वितृष्णा उत्पन्न हो जाती है, तभी धर्म का प्रारंभ होता है।

***मनुष्य को ईश्वर-प्राप्ति करनी चाहिए, ईश्वर का अनुभव करना चाहिए, ईश्वर का प्रत्यक्ष दर्शन करना चाहिए तथा उससे बातचीत करनी चाहिए, यही धर्म है। मानव मात्र के लिए स्नेह और दया ही सच्ची धार्मिकता की परख है।***

धर्म अनुभूति की वस्तु है, वह मुख की बात, मतवाद अथवा युक्तिमूलक कल्पना मात्र नहीं है, चाहे वह जितना ही सुंदर हो। आत्मा की ब्रह्मस्वरूपता को जान लेना, तद्रूप हो जाना; उनका साक्षात्कार करना, यही धर्म है, वह केवल सुनने या मान लेने की चीज नहीं है। समस्त मन-प्राण विश्वास की वस्तु के साथ एक हो जाएगा।

सभी धर्मभावों की पृष्ठभूमि केवल त्याग ही है और तुम यह सदैव देखोगे कि जैसे-जैसे त्याग का भाव क्षीण होता जाता है, वैसे-वैसे धर्म के क्षेत्र में इंद्रियों का प्रभाव बढ़ता जाता है और उसी प्रमाण में आध्यात्मिकता का ह्रास होता

*मैं एक ऐसे धर्म का प्रचार करना चाहता हूँ, जो सब प्रकार की मानसिक अवस्थावाले लोगों के लिए उपयोगी हो; इसमें ज्ञान, भक्ति, योग और कर्म समभाव से रहेंगे। यदि कॉलेज से वैज्ञानिक और भौतिकशास्त्री अध्यापक आएँ तो वे युक्ति-तर्क पसंद करेंगे। उनको जहाँ तक संभव हो, युक्ति-तर्क करने दो।*

जाता है। हिंदू भावों को अंग्रेजी में व्यक्त करना, फिर शुष्क दर्शन, पेचीदी पौराणिक कथाएँ और अनूठे आश्चर्यजनक मनोविज्ञान से एक ऐसे धर्म का निर्माण करना जो सरल, सहज और लोकप्रिय हो और उसके साथ ही उन्नत मस्तिष्कवालों को संतुष्ट कर सके, इस कार्य की कठिनाइयों को वे ही समझ सकते हैं, जिन्होंने इसके लिए प्रयत्न किया हो। अद्वैत के गूढ़ सिद्धांतों में नित्य प्रति के जीवन के लिए कविता का रस और जीवनदायिनी शक्ति उत्पन्न करनी है; अत्यंत उलझी हुई पौराणिक कथाओं में से साकार नीति के नियम निकालने हैं; और बुद्धि को भ्रम में डालनेवाली योग-विद्या से अत्यंत वैज्ञानिक और क्रियात्मक मनोविज्ञान का विकास करना है और इन सबको एक ऐसे रूप में लाना पड़ेगा कि बच्चा-बच्चा इसे समझ सके। मेरे जीवन का यही कार्य है।

मैं एक ऐसे धर्म का प्रचार करना चाहता हूँ, जो सब प्रकार की मानसिक अवस्थावाले लोगों के लिए उपयोगी हो; इसमें ज्ञान, भक्ति, योग और कर्म समभाव से रहेंगे। यदि कॉलेज से वैज्ञानिक और भौतिकशास्त्री अध्यापक आएँ तो वे युक्ति-तर्क पसंद करेंगे। उनको जहाँ तक संभव हो, युक्ति-तर्क करने दो।

## हिंदू धर्म

हिंदू धर्म मानवात्मा के लिए एक, केवल एक कर्तव्य बताता है। वह नश्वरता के बीच अविनश्वर को पाने की खोज है। कोई भी मनुष्य ऐसा एक मार्ग बताने का साहस नहीं करता, जिसके द्वारा वह प्राप्त किया जा सकता है। विवाह अथवा अविवाह, भलाई अथवा बुराई, विद्वत्ता अथवा अज्ञान, इनमें से कोई भी उचित है, यदि वह हमें ध्येय की ओर से जाता है। इस तरह, इस बात में और बुद्धमत में

बड़ा अंतर है, क्योंकि बुद्धमत का प्रमुख निर्देश यह है कि बाह्य के अस्थायित्व का अनुभव प्राप्त किया जाए, साधारणत: जो केवल एक तरह से किया जा सकता है, क्या आपको महाभारत में उस युवक योगी की कहानी याद है, जो अपनी मनोशक्ति पर इसलिए गर्व करता था कि उसने एक कौवे और एक सारस के शरीर को अपनी तीव्र इच्छा के अनुसार क्रोध से उत्पन्न हुई अग्नि से जला दिया था। क्या आपको याद है कि वह युवक योगी नगर में जाता है और पहले एक पत्नी को अपनी रोगी पति की सेवा करते हुए पाता है और फिर कसाई धर्म-व्याध को देखता है, जिन दोनों ने सामान्य सच्चाई और कर्तव्य के मार्ग से ज्ञान प्राप्त किया है।

वेदांत दर्शन की अत्युच्च आध्यात्मिक उड़ानों से लेकर-आधुनिक विज्ञान के विज्ञान के नवीनतम आविष्कार, जिसकी केवल प्रतिध्वनि मात्र प्रतीत होते हैं, मूर्ति-पूजा के निम्न स्तारीय विचारों एवं तदानुषंगिक अनेकानेक पौराणिक दंतकथाओं तक और बौद्धों के अज्ञेयवाद तथा जैनों के निरीश्वरवाद इनमें से प्रत्येक के लिए हिंदू धर्म में स्थान है।

हिंदुओं की दृष्टि से समस्त धर्म-जगत् भिन्न-भिन्न रुचिवाले स्त्री-पुरुषों की, विभिन्न अवस्थाओं एवं परिस्थितियों में से होते हुए एक की लक्ष्य की ओर यात्रा है, प्रगति है। प्रत्येक धर्म जड़भावापन्न मानव से एक ईश्वर का उद्भव कर रहा है, और वही ईश्वर उन सबका प्रेरक है। तो फिर इतने परस्पर विरोध क्यों हैं? हिंदुओं का कहना है कि ये विरोध केवल आभासी हैं। उनकी उत्पति सत्य द्वारा भिन्न अवस्थाओं और प्रकृतियों के अनुरूप अपना समायोजन करते समय होती है।

*हिंदुओं की दृष्टि से समस्त धर्म-जगत् भिन्न-भिन्न रुचिवाले स्त्री-पुरुषों की, विभिन्न अवस्थाओं एवं परिस्थितियों में से होते हुए एक की लक्ष्य की ओर यात्रा है, प्रगति है। प्रत्येक धर्म जड़भावापन्न मानव से एक ईश्वर का उद्भव कर रहा है, और वही ईश्वर उन सबका प्रेरक है।*

हिंदू की दृष्टि में मनुष्य भ्रम से सत्य की ओर नहीं जा रहा है, वह तो सत्य से सत्य की ओर, निम्न श्रेणी के सत्य से उच्च श्रेणी के सत्य की ओर अग्रसर हो रहा है। हिंदू के मतानुसार निम्नतम जड़ पूजावाद से लेकर सर्वोच्च

ब्रह्मवाद तक जितने धर्म हैं, वे सभी अपने-अपने जन्म तथा साहचर्य की अवस्था द्वारा निर्धारित होकर उस असीम के ज्ञान तथा उपलब्धि के निमित्त मानवात्मा के विविध प्रयत्न हैं और यह प्रत्येक प्रयत्न उन्नति की एक अवस्था को सूचित करता है। प्रत्येक जीव उस युवा गरुड़ पक्षी के समान है, जो धीरे-धीरे ऊँचा उड़ता हुआ तथा अधिकाधिक शक्ति-संपादन करता हुआ, अंत में उस भास्वर सूर्य तक पहुँच जाता है।

हमारे धर्म के संप्रदायों में अनेक विभिन्नताएँ एवं अंतर्विरोध होते हुए भी एकता के अनेक क्षेत्र हैं। प्रथम, सभी संप्रदाय तीन चीजों का अस्तित्व स्वीकार करते हैं, ईश्वर, आत्मा और जगत्। ईश्वर वह है, जो अनंत काल से संपूर्ण जगत् का सर्जन, पालन और संहार करता आ रहा है। सांख्य दर्शन के अतिरिक्त सभी इस सिद्धांत पर विश्वास करते हैं। इसके बाद आत्मा का सिद्धांत और पुनर्जन्म की बात आती है। इसके अनुसार असंख्य जीवात्माएँ बार-बार अपने कर्मों के अनुसार शरीर धारण कर जन्म-मृत्यु के चक्र में घूमती रहती हैं। इसी को संसारवाद का प्रचलित रूप से 'पुनर्जन्मवाद' कहते हैं। इसके बाद यह अनादि अनंत जगत् है। यद्यपि कुछ लोग इन तीनों को भिन्न-भिन्न मानते हैं तथा कुछ इन्हें एक ही के भिन्न-भिन्न तीन रूप और कुछ अन्य प्रकारों से इनका अस्तित्व स्वीकार करते हैं। पर इन तीनों का अस्तित्व ये सभी मानते हैं।

*तुम लोग आजकल सदा यह निंदा सुन रहे हो कि हिंदुओं का धर्म दूसरों के धर्म को जीत लेने में सचेष्ट नहीं; और मैं बड़े दुःख से कहता हूँ कि वह बात ऐसे-ऐसे व्यक्तियों के मुँह की होती है, जिनसे हम अधिकतर ज्ञान की अपेक्षा करते हैं।*

तुम लोग आजकल सदा यह निंदा सुन रहे हो कि हिंदुओं का धर्म दूसरों के धर्म को जीत लेने में सचेष्ट नहीं; और मैं बड़े दुःख से कहता हूँ कि वह बात ऐसे-ऐसे व्यक्तियों के मुँह की होती है, जिनसे हम अधिकतर ज्ञान की अपेक्षा करते हैं। मुझे यह जान पड़ता है कि हमारा धर्म दूसरे धर्मों की अपेक्षा सत्य के अधिक निकट है। इस तथ्य के समर्थन की प्रधान युक्ति यही है कि हमारे धर्म ने कभी दूसरे धर्मों पर विजय प्राप्त नहीं की, उसने कभी खून की नदियाँ नहीं बहाईं, उसने

सदा आशीर्वाद और शांति के शब्द कहे, सबको उसने प्रेम और सहानुभूति की कथा सुनाई। यहीं, केवल यहीं, दूसरे धर्म से द्वेष न रखने के भाव सबसे पहले प्रचारित हुए, केवल यहीं परधर्म-सहिष्णुता तथा सहानुभूति के ये भाव कार्यरूप में परिणत हुए। अन्य देशों में यह केवल सिद्धांत-चर्चा मात्र है। यहीं, केवल यहीं, यह देखने में आता है कि हिंदू मुसलमानों के लिए मसजिदें और ईसाइयों के लिए गिरजे बनवाते हैं।

हिंदू धर्म के प्रधान तत्त्वों का आधार है, मनन एवं चिंतनयुक्त दर्शनशास्त्र तथा भिन्न-भिन्न वेदों में प्रतिपादित नैतिक उपदेश। इन वेदों का कथन है कि यह विश्व देश व काल की दृष्टि से अनंत और सनातन है। वह न तो कभी प्रारंभ हुआ, न कभी समाप्त होगा। वह चित्त-शक्ति इस जड़-जगत् में विभिन्न अगणित प्रकारों से प्रकाशित हुई है, इस संत के राज्य में उस अनंत की शक्ति नाना रूपों में व्यक्त हुई है, परंतु फिर भी वह अनंत चित्त-सत्ता स्वरूपतः स्वयंभू, सनातन एवं अपरिणामी है। काल की गति का शाश्वत सत्ता पर कोई असर नहीं होता। मानव-बुद्धि के लिए सर्वथा अगम्य जो अतींद्रिय भूमि है, वहाँ न तो भूत है और न भविष्य। वेदों का कथन है कि मानव की आत्मा अमर है। शरीर वृद्धि और क्षय के नियमों से बद्ध है; जिसकी वृद्धि है, उसका क्षय भी अवश्यमेव होगा। परंतु देहमध्यस्थ आत्मा तो असीम एवं सनातन है; वह अनादि और अनंत है।

*हमारे मतानुसार मन की समस्त शक्तियों को एकमुखी करना ही ज्ञान-लाभ का एकमात्र उपाय है। बहिर्विज्ञान में बाह्य विषयों पर मन को एकाग्र करना होता है और अंतर्विज्ञान में मन की गति को आत्माभिमुखी करना पड़ता है। मन की इस एकाग्रता को ही हम 'योग' कहते हैं। योगी कहते हैं कि इस एकाग्रता शक्ति का फल अत्यंत महान् है।*

हमारे मतानुसार मन की समस्त शक्तियों को एकमुखी करना ही ज्ञान-लाभ का एकमात्र उपाय है। बहिर्विज्ञान में बाह्य विषयों पर मन को एकाग्र करना होता है और अंतर्विज्ञान में मन की गति को आत्माभिमुखी करना पड़ता है। मन की इस एकाग्रता को ही हम 'योग' कहते हैं। योगी कहते हैं कि इस एकाग्रता शक्ति का

फल अत्यंत महान् है। उनका कहना है कि मन की एकाग्रता के बल से संसार के सारे सत्य-बाह्य और अंतर दोनों जगत् के सत्य प्रत्यक्ष हो जाते हैं।

योगी दावा करते हैं कि मनुष्य-देह में जितनी शक्तियाँ हैं, उनमें ओज सबसे उत्कृष्ट कोटि की शक्ति है। यह ओज मस्तिष्क में संचित रहता है। जिसके मस्तक में ओज जितने अधिक परिमाण में रहता है, वह उतना ही अधिक बुद्धिमान और आध्यात्मिक बल से बली होता है। एक व्यक्ति बड़ी सुंदर भाषा में सुंदर भाव व्यक्त करता है, परंतु लोग आकृष्ट नहीं होते। और दूसरा व्यक्ति न सुंदर भाषा बोल सकता है, न सुंदर ढंग से भाव व्यक्त कर सकता है, परंतु फिर भी लोग उसकी बात से मुग्ध हो जाते हैं। वह जो कुछ कार्य करता है, उसी में महाशक्ति का विकास देखा जाता है। ऐसी है ओज की शक्ति!

शरीर में जितनी शक्तियाँ क्रियाशील हैं, उनका उच्चतम विकास यह ओज है। यह हमें सदा याद रखना चाहिए कि सवाल केवल रूपांतरण का है, एक ही शक्ति दूसरी शक्ति में परिणत हो जाती है। बाहरी संसार में जो शक्ति विद्युत् अथवा चुंबकीय शक्ति के रूप में प्रकाशित हो रही है, वही क्रमशः आभ्यंतरिक शक्ति में परिणत हो जाएगी। आज जो शक्तियाँ पेशियों में कार्य कर रही हैं, वे ही कल ओज के रूप में परिणत हो जाएँगी। योगी कहते हैं कि मनुष्य में जो शक्ति काम-क्रिया, काम-चिंतन आदि रूपों में प्रकाशित हो रही है, उसका दमन करने पर वह सहज ही ओज में परिणत हो जाती है। और हमारे शरीर का सबसे नीचेवाला केंद्र ही इस शक्ति का नियामक होने के कारण योगी इसकी ओर विशेष रूप से ध्यान देते हैं। वे सारी काम-शक्ति को ओज में परिणत करने का प्रयत्न करते हैं। कामजयी स्त्री-पुरुष ही इस ओज को मस्तिष्क में संचित कर सकते हैं।

*शरीर में जितनी शक्तियाँ क्रियाशील हैं, उनका उच्चतम विकास यह ओज है। यह हमें सदा याद रखना चाहिए कि सवाल केवल रूपांतरण का है, एक ही शक्ति दूसरी शक्ति में परिणत हो जाती है। बाहरी संसार में जो शक्ति विद्युत् अथवा चुंबकीय शक्ति के रूप में प्रकाशित हो रही है, वही क्रमशः आभ्यंतरिक शक्ति में परिणत हो जाएगी।*

इसलिए ब्रह्मचर्य ही सदैव सर्वश्रेष्ठ धर्म माना गया है। मनुष्य यह अनुभव करता है कि अगर वह कामुक हो, तो उसका सारा धर्मभाव चला जाता है, चरित्र-बल और मानसिक तेज नष्ट हो जाता है। इसी कारण देखोगे, संसार में जिन-जिन संप्रदायों में बड़े-बड़े धर्मवीर पैदा हुए हैं, उन सभी संप्रदायों ने ब्रह्मचर्य पर विशेष जोर दिया है। इसलिए विवाह-त्यागी संन्यासी दल की उत्पत्ति हुई है। इस ब्रह्मचर्य का पूर्ण रूप है, तन-मन-वचन से पालन करना नितांत आवश्यक है। ब्रह्मचर्य के बिना राजयोग की साधना बड़े खतरे की है; क्योंकि उससे अंत में मस्तिष्क का विषय विकार पैदा हो सकता है।

मनुष्य को पूर्ण विकसित बनाना, यही इस शास्त्र का उपयोग है। युगानुयुग प्रतीक्षा करने की आवश्यकता नहीं। जैसे काठ का एक टुकड़ा केवल खिलौना बन समुद्र की लहरों द्वारा इधर-उधर फेंका जाता रहता है, उसी प्रकार हमें भी प्रकृति के जड़-नियमों के हाथों खिलौना बनने की आवश्यकता नहीं है। यह विज्ञान चाहता है कि तुम शक्तिशाली बनो, कार्य को अपने ही हाथ में लो, प्रकृति के भरोसे मत छोड़ो और इस छोटे से जीवन के उस पार हो जाओ। यही वह उदात्त ध्येय है।

इन सारी योग-प्रणालियों में जो कुछ गुह्य या रहस्यात्मक है, सब छोड़ देना पड़ेगा। जिससे बल मिलता है, उसी का अनुसरण करना चाहिए। अन्यान्य विषयों में जैसा है, धर्म में भी ठीक वैसा ही है, जो तुमको दुर्बल बनाता है, वह समूल त्याज्य है। रहस्य-स्पृहा मानव-मस्तिष्क को दुर्बल कर देती है। इसके कारण ही आज योगशास्त्र नष्ट-सा हो गया है।

वही योगी है, जो अपने को संपूर्ण विश्व में और संपूर्ण विश्व को अपने में देखता है। यह बच्चों का खिलवाड़ नहीं और न कोई सनक है कि उसमें पड़कर एक दिन अभ्यास किया जाए और दूसरे दिन त्याग दिया जाए। यह जीवन भर का काम है और लक्ष्य की सिद्धि में जो भी मूल्य चुकाना पड़े, वह सर्वथा उचित है, और वह लक्ष्य ईश्वर से अपने पूर्ण एकत्व के बोध जैसा महान् है।

□

13

# मन और विचार की नेतृत्व शक्ति का अर्जन

सर्वश्रेष्ठ महापुरुष शांत, निर्वाक और अज्ञात होते हैं। वे ही वे व्यक्ति हैं, जिन्हें विचार की शक्ति का सच्चा ज्ञान रहता है। उनमें यह दृढ़ विश्वास होता है कि यदि वे किसी पर्वत की गुफा में जाकर उसके द्वार बंद करके केवल पाँच सत्य विचारों का ही मनन कर इस संसार से चल बसें, तो उनके ये पाँच विचार ही अनंत काल तक जीवित रहेंगे। वास्तव में ऐसे विचार पर्वतों को भी भेदकर पार हो जाएँगे, समुद्रों को लाँघ जाएँगे और सारे संसार में व्याप्त हो जाएँगे। वे मानव-हृदय एवं मस्तिष्क में अंत:प्रविष्ट होकर ऐसे नर-नारी उत्पन्न करेंगे, जो उन्हें मनुष्य के जीवन में कार्यान्वित करेंगे।

विवेकानंदजी कहते हैं, एक विचार लो; उसी विचार को अपना जीवन बनाओ, उसी का चिंतन करो, उसी का स्वप्न देखो और उसी में जीवन बिताओ। तुम्हारा मस्तिष्क, स्नायु शरीर के सर्वांग उसी के विचार से पूर्ण रहें। दूसरे सारे विचार छोड़ दो। यही सिद्ध होने का उपाय है; और इसी उपाय से बड़े-बड़े धर्मवीरों की उत्पत्ति हुई है।

मन एक ही है, समष्टि-मन के अंश मात्र हैं। जिसे एक ढेले का ज्ञान हो गया, उसने दुनिया की सारी मिट्‌टी जान ली। जो अपने मन को जानता है और स्व-अधीन रख सकता है, वह हर मन का रहस्य जानता है और हर मन पर अधिकार रखता है। अतीत में कितने ही सर्वज्ञ हो चुके हैं और मेरा विश्वास है कि अब भी बहुत से होंगे तथा आगामी युगों में भी ऐसे असंख्य पुरुष जन्म लेंगे।

जब तुम्हारा मन संयत हो जाएगा, जब तुम पूरे शरीर को वश में रख सकोगे। जब फिर तुम इस यंत्र के दास नहीं बने रहोगे; यह देह-यंत्र ही तुम्हारा दास होकर रहेगा। तब यह देह-यंत्र आत्मा को खींचकर नीचे की ओर न ले जाकर उसकी मुक्ति में महान् सहायक हो जाएगा।

मन मानो सरोवर के समान है और हमारा प्रत्येक विचार मानो उस सरोवर की लहर के समान है। जिस प्रकार सरोवर में लहर उठती है, गिरती है, गिरकर अंतर्हित हो जाती है, उसी प्रकार मन में ये सब विचार तरंगें लगातार उठती और अंतर्हित होती रहती हैं। किंतु वे एकदम अंतर्हित नहीं हो जातीं। वे क्रमशः सूक्ष्मतर होती जाती हैं, पर वर्तमान रहती ही हैं। प्रयोजन होने पर फिर उठती हैं।

मन ज्ञान की भी अतीत अवस्था में जा सकता है। जिस प्रकार अज्ञान भूमि से जो कार्य होता है, वह ज्ञान की निम्न भूमि का कार्य है, वैसे ही ज्ञान की उच्च भूमि से भी, ज्ञानातीत भूमि से भी कार्य होता है। उसमें भी किसी प्रकार का अहं-भाव नहीं रहता। यह अहं-भाव केवल बीच की अवस्था में रहता है। जब मन इस रेखा के ऊपर या नीचे विचरण करता है, तब किसी प्रकार का अहं-ज्ञान नहीं रहता, किंतु तब भी मन की क्रिया चलती रहती है। जब मन इस रेखा के ऊपर अर्थात् ज्ञान-भूमि के अतीत प्रदेश में गमन करता है, तब उसे समाधि, अतिचेतन या ज्ञानातीत भूमि कहते हैं।

*मन ज्ञान की भी अतीत अवस्था में जा सकता है। जिस प्रकार अज्ञान-भूमि से जो कार्य होता है, वह ज्ञान की निम्न भूमि का कार्य है, वैसे ही ज्ञान की उच्च भूमि से भी, ज्ञानातीत भूमि से भी कार्य होता है। उसमें भी किसी प्रकार का अहं-भाव नहीं रहता। यह अहं-भाव केवल बीच की अवस्था में रहता है।*

मन विकल्परहित या वृत्तिहीन होता है, तभी मन का लोप होता है और तभी आत्मा प्रत्यक्ष होती है। इस अवस्था का वर्णन भाष्यकार श्रीशंकराचार्य ने 'अपरोक्षानुभूमि' कहकर किया है। हमारा शरीर मानो एक लोहपिंड है और हमारा प्रत्येक विचार मानो धीरे-धीरे उसके ऊपर हथौड़े की चोट मारता है, उसके द्वारा हम अपने शरीर का गढ़न इच्छानुसार करते हैं।

हम अभी जो कुछ हैं, वह सब अपने चिंतन का ही फल है, इसलिए तुम क्या चिंतन करते हो, इस विषय में विशेष ध्यान रखो।

पर्वत की कंदरा में भी बैठकर यदि तुम कोई पाप-चिंतन करो, किसी के प्रति घृणा का भाव पोषण करो, तो वह भी संचित रहेगा और कालांतर में फिर से वह तुम्हारे पास कुछ दुःख के रूप में आकर तुम पर प्रबल आघात करेगा। यदि तुम अपने हृदय से ईर्ष्या और घृणा का भाव चारों ओर बाहर भेजो, तो वह चक्रवृद्धि ब्याज सहित तुम पर आकर गिरेगा। दुनिया की कोई भी ताकत उसे रोक नहीं सकेगी। यदि तुमने एक बार उस शक्ति को बाहर भेज दिया, तो फिर निश्चित जानो, तुम्हें उसका प्रतिघात सहन करना ही पड़ेगा। यह स्मरण रहने पर तुम कुकर्मों से बचे रह सकोगे।

*हम जगत् के संपूर्ण शुभ विचारों के उत्तराधिकारीस्वरूप हैं, यदि हम अपने को उनके प्रति मुक्त कर दें। विचार और कार्य की स्वतंत्रता ही जीवन, उन्नति और कुशल-क्षेम का एकमेव साधन है। जहाँ यह स्वतंत्रता नहीं है, वहाँ व्यक्ति, जाति, राष्ट्र की अवनति निश्चय होगी।*

हम जगत् के संपूर्ण शुभ विचारों के उत्तराधिकारीस्वरूप हैं, यदि हम अपने को उनके प्रति मुक्त कर दें। विचार और कार्य की स्वतंत्रता ही जीवन, उन्नति और कुशल-क्षेम का एकमेव साधन है। जहाँ यह स्वतंत्रता नहीं है, वहाँ व्यक्ति, जाति, राष्ट्र की अवनति निश्चय होगी। जात-पाँत रहे या न रहे, संप्रदाय रहे या न रहे, परंतु जो मनुष्य या वर्ग, जाति, राष्ट्र या संस्था किसी व्यक्ति के स्वतंत्र विचार या कर्म पर प्रतिबंध लगाती है, भले ही उससे दूसरों को क्षति न पहुँचे, तब भी वह आसुरी है और उसका नाश अवश्य होगा।

## एकाग्रचित्तता

मन की शक्तियों को एकाग्र करने के सिवा अन्य किस तरह संसार में ये समस्त ज्ञान उपलब्ध हुए हैं? प्रकृति के द्वार पर कैसे खटखटाना चाहिए, उस पर कैसे आघात देना चाहिए, यदि केवल यह ज्ञात हो गया, तो बस, प्रकृति

अपना सारा रहस्य खोल देती है। उस आघात की शक्ति और तीव्रता एकाग्रता से ही आती है। मानव-मन की शक्ति की कोई सीमा नहीं। वह जितना ही एकाग्र होता है, उतनी ही उसकी शक्ति एक लक्ष्य पर केंद्रित होती है; यही रहस्य है।

मन सर्वदा ही नाना प्रकार के विषय ग्रहण कर रहा है, सदैव सब प्रकार की वस्तुओं में जा रहा है, फिर मन की ऐसी भी एक उच्चतर अवस्था है, जब वह केवल एक ही वस्तु को ग्रहण करके अन्य सब वस्तुओं को छोड़ सकता है। इस एक वस्तु को ग्रहण करने का फल है समाधि। प्रतिदिन नियमित रूप से अभ्यास करने पर मन का यह नियत संयम प्रवाहाकार में चलता रहता है एवं उसकी स्थिरता होती है और तब मन सदैव एकाग्रशील रह सकता है।

*मन की शक्तियों को एकाग्र करने के सिवा अन्य किस तरह संसार में ये समस्त ज्ञान उपलब्ध हुए हैं? प्रकृति के द्वार पर कैसे खटखटाना चाहिए, उस पर कैसे आघात देना चाहिए, यदि केवल यह ज्ञात हो गया, तो बस, प्रकृति अपना सारा रहस्य खोल देती है। उस आघात की शक्ति और तीव्रता एकाग्रता से ही आती है।*

मन एकाग्र हुआ है, यह कैसे जाना जाए? मन के एकाग्र हो जाने पर समय का कोई ज्ञान न रहेगा। जितना ही समय का ज्ञान जाने लगता है, हम उतने ही एकाग्र होते जाते हैं। हम अपने दैनिक जीवन में भी देख पाते हैं कि जब हम कोई पुस्तक पढ़ने में तल्लीन रहते हैं, तब समय की ओर हमारा बिल्कुल ध्यान नहीं रहता। जब हम पढ़कर उठते हैं तो अचरज करने लगते हैं कि इतना समय बीत गया। सारा समय मानो एकत्र होकर वर्तमान में एकीभूत हो जाता है। इसलिए कहा गया है कि अतीत, वर्तमान और भविष्य आकर जितना ही एकीभूत होते जाते हैं, मन उतना ही एकाग्र होता जाता है।

मनुष्य और पशु में यही अंतर है, मनुष्य में चित की एकाग्रता की शक्ति अपेक्षाकृत अधिक है। एकाग्रता की शक्ति में अंतर के कारण ही एक मनुष्य दूसरे मनुष्य से भिन्न होता है। छोटे-से-छोटे आदमी की तुलना ऊँचे-से-ऊँचे

आदमी से करो। अंतरमन की एकाग्रता की मात्रा में होता है। बस, यही अंतर है। प्रत्येक व्यक्ति का मन कभी-न-कभी एकाग्र हो जाता है। हमें जो चीजें प्यारी होती हैं, उन पर हम मन जमाते हैं। और जिन चीजों पर हम मन जमाते हैं, वे हमें प्यारी होती हैं।

हमें चाहिए कि हम अपना मन वस्तुओं पर नियोजित करें, न कि वस्तुएँ हमारे मन को खींच लें। हमें बहुधा विवश होकर मन एकाग्र करना पड़ता है। हमारा मन विवश होकर विभिन्न वस्तुओं पर उनके किसी आकर्षक गुण के कारण जमने लगता है और हम उसका प्रतिरोध नहीं कर पाते। मन को वश में करने, अभीष्ट स्थान पर उसे लगाने के लिए विशेष प्रशिक्षण की आवश्यकता पड़ती है। दूसरे किसी तरीके से यह हो नहीं सकता। धर्म की साधना में मन को वश में करना आवश्यक है। इस साधना में हमें मन को मन में ही लगाना पड़ता है।

हमारे मन की शक्तियों की एकाग्रता ही हमारे लिए ईश्वर-दर्शन का एकमात्र साधन है। यदि तुम एक आत्मा को (अपनी आत्मा को) जान सको, तो तुम भूत, भविष्यत्, वर्तमान सभी आत्माओं को जान सकोगे। इच्छाशक्ति द्वारा मन की एकाग्रता साधित होती है और विचार, भक्ति, प्राणायाम इत्यादि विभिन्न उपायों से यह इच्छाशक्ति उदबुद्ध और वशीकृत हो सकती है। एकाग्र मन मानो एक प्रदीप है, जिसके द्वारा आत्मा का स्वरूप स्पष्ट रूप से देखा जा सकता है।

***मनुष्य और पशु में यही अंतर है, मनुष्य में चित की एकाग्रता की शक्ति अपेक्षाकृत अधिक है। एकाग्रता की शक्ति में अंतर के कारण ही एक मनुष्य दूसरे मनुष्य से भिन्न होता है। छोटे-से-छोटे आदमी की तुलना ऊँचे-से-ऊँचे आदमी से करो। अंतरमन की एकाग्रता की मात्रा में होता है। बस, यही अंतर है।***

मन की एकाग्रता को प्राप्त करने पर भी कामनाओं और वासनाओं का उदय क्यों होता है ? पूर्व संस्कार से ! बुद्धदेव जब समाधि अवस्था प्राप्त करने को ही थे, उसी समय 'मार' उनके सामने आया। 'मार' स्वयं कुछ भी नहीं था, वह मन के पूर्व संस्कार का ही छायारूप कोई प्रकाश था।

एकाग्रता समस्त ज्ञान का सार है, उसके बिना कुछ नहीं किया जा सकता। साधारण मनुष्य अपनी विचार-शक्ति का नब्बे प्रतिशत अंश व्यर्थ नष्ट कर देता है और इसलिए वह निरंतर भारी भूलें करता रहता है। प्रशिक्षित मनुष्य अथवा मन कभी कोई भूल नहीं करता। जब मन एकाग्र होता है और पीछे मोड़कर स्वयं पर ही केंद्रित कर दिया जाता है तो हमारे भीतर जो भी है, वह हमारा स्वामी न रहकर हमारा दास बन जाता है।

राजयोग हमें यही शिक्षा देना चाहता है। इसमें जितने उपदेश हैं, उन सबका उद्देश्य, प्रथमतः, मन की एकाग्रता का साधन है; इसके बाद है, उसके गंभीरतम प्रदेश में कितने प्रकार के भिन्न-भिन्न कार्य हो रहे हैं, उनका ज्ञान प्राप्त करना; और तत्पश्चात् उनसे साधारण तथ्यों को निकालकर उनसे अपने एक सिद्धांत पर उपनीत होना। इसलिए राजयोग की शिक्षा किसी धर्मविशेष पर आधारित नहीं है। तुम्हारा धर्म चाहे जो हो, तुम चाहे आस्तिक हो या नास्तिक, यहूदी या बौद्ध या ईसाई, इससे कुछ बनता-बिगड़ता नहीं; तुम मनुष्य हो, बस, यही पर्याप्त है। प्रत्येक मनुष्य में धर्म-तत्त्व का अनुसंधान करने की शक्ति है, उसे उसका अधिकार है। प्रत्येक व्यक्ति का, किसी भी विषय से क्यों न हो, कारण पूछने का अधिकार है, और उसमें ऐसी शक्ति भी है कि वह अपने भीतर से ही उन प्रश्नों के उत्तर पा सके। पर हाँ, उसे इसके लिए कुछ कष्ट उठाना पड़ेगा।

*एकाग्रता समस्त ज्ञान का सार है, उसके बिना कुछ नहीं किया जा सकता। साधारण मनुष्य अपनी विचार-शक्ति का नब्बे प्रतिशत अंश व्यर्थ नष्ट कर देता है और इसलिए वह निरंतर भारी भूलें करता रहता है। प्रशिक्षित मनुष्य अथवा मन कभी कोई भूल नहीं करता। जब मन एकाग्र होता है और पीछे मोड़कर स्वयं पर ही केंद्रित कर दिया जाता है तो हमारे भीतर जो भी है, वह हमारा स्वामी न रहकर हमारा दास बन जाता है।*

## ध्यान-धारणा

मान लो, मन किसी एक विषय को सोचने का प्रयत्न कर रहा है, किसी एक विशेष स्थान में, जैसे, मस्तक के ऊपर अथवा हृदय आदि में, अपने को पकड़ रखने का प्रयत्न कर रहा है। यदि मन शरीर के केवल उस अंश द्वारा संवेदनाओं को ग्रहण करने में समर्थ होता है, शरीर के दूसरे भागों द्वारा नहीं, तो उसका नाम धारणा है; और जब वह अपने को कुछ समय तक उसी अवस्था में रखने में समर्थ होता है तो उसका नाम है ध्यान।

ध्यान उच्चतम अवस्था है। जब तक चित्त में संशय रहता है, ऊँची अवस्था नहीं होती। समाधि उच्चावस्था है। वह द्रष्टा और साक्षी के रूप में वस्तुओं को देखता है, परंतु उनके साथ तदाकार नहीं होता। जब तक मुझे दुःख होता है, तब तक शरीर में तेरी तादात्म्य वृत्ति है। जब तक मुझे मौज या खुशी का अनुभव होता है, तब तक शरीर में मेरी तादात्म्य वृत्ति है, परंतु जो उच्चावस्था है, उसमें सुख-दुःख, दोनों में एक-सा सुख अथवा आनंद प्रतीत होगा। प्रत्येक प्रकार का ध्यान प्रत्यक्ष समाधि है। चित्त के पूर्व एकाग्र हो जाने पर जीवात्मा स्थूल शरीर के बंधन से वस्तुतः मुक्त हो जाती है और उसके वास्तविक स्वरूप का ज्ञान हो जाता है।

*ध्यान उच्चतम अवस्था है। जब तक चित्त में संशय रहता है, ऊँची अवस्था नहीं होती। समाधि उच्चावस्था है। वह द्रष्टा और साक्षी के रूप में वस्तुओं को देखता है, परंतु उनके साथ तदाकार नहीं होता। जब तक मुझे दुःख होता है, तक तक शरीर में तेरी तादात्म्य वृत्ति है।*

किसी विषय पर मन को एकाग्र करने का ही नाम ध्यान है। किसी एक विषय पर भी मन की एकाग्रता हो जाने से वह एकाग्रता जिस विषय पर चाहो, उस पर लगा सकते हो।

पहले किसी एक विषय का आश्रय कर ध्यान का अभ्यास करना पड़ता है। किसी समय मैं एक छोटे से काले बिंदु पर मन को एकाग्र किया करता था। परंतु कुछ दिन के अभ्यास के बाद वह बिंदु मुझे दिखना बंद हो गया था। वह मेरे सामने है या नहीं, यह भी ध्यान नहीं रहता था। निवात समुद्र के समान मन का संपूर्ण निरोध हो जाता था। ऐसी अवस्था में

मुझे अतींद्रिय सत्य की परछाईं कुछ-कुछ दिखाई देती थी। इसलिए मेरा विचार है कि किसी सामान्य बाहरी विषय का ही आश्रय लेकर ध्यान करने का अभ्यास करने से मन की एकाग्रता होती है। जिसमें जिसका मन लगता है, उसी के ध्यान का अभ्यास करने से मन शीघ्र एकाग्र हो जाता है। इसलिए हमारे देश में इतने देव-देवी मूर्तियों के पूजने की व्यवस्था है। देव-देवी पूजा से ही शिल्प की उन्नति हुई है। परंतु इस बात को अभी छोड़ दो। अब बात यह है कि ध्यान का बाहरी अवलंबन सबका एक नहीं हो सकता। जो जिस विषय के आश्रय से ध्यान-सिद्ध हो गया है, वह उस अवलंबन का ही वर्णन और प्रचार कर गया है। कालांतर में वे मन को स्थिर करने के लिए हैं, इस बात के भूलने पर लोगों ने इस बाहरी अवलंबन को ही श्रेष्ठ समझ लिया। उपाय में ही लोग लगे रह गए; उद्‌देश्य पर लक्ष्य कम हो गया। मन को वृत्तिहीन करना ही उद्‌देश्य है; किंतु यह किसी विषय में तन्मय हुए बिना असंभव है।

*भीतर नित्य-शुद्ध-बुद्ध-मुक्त आत्मारूपी सिंह विद्यमान है; ध्यान-धारणा करके उसका दर्शन पाते ही माया की दुनिया उड़ जाती है। इसी का नाम यथार्थ पुरुषकार है। तेल की धार की तरह मन को एक ओर लगाए रखना चाहिए। जीव का मन अनेकानेक विषयों से विक्षिप्त हो रहा है।*

भीतर नित्य-शुद्ध-बुद्ध-मुक्त आत्मारूपी सिंह विद्यमान है; ध्यान-धारणा करके उसका दर्शन पाते ही माया की दुनिया उड़ जाती है। इसी का नाम यथार्थ पुरुषकार है। तेल की धार की तरह मन को एक ओर लगाए रखना चाहिए। जीव का मन अनेकानेक विषयों से विक्षिप्त हो रहा है। ध्यान के समय भी पहले-पहल मन विक्षिप्त होता है। मन में जो चाहे भाव उठें, उन्हें उस समय स्थिर हो बैठकर देखना चाहिए। देखते-देखते मन स्थिर हो जाता है और फिर मन में चिंतन की तरंगें नहीं रहतीं। वह तरंग-समूह ही है, मन की संकल्प-वृत्ति है। इससे पूर्व जिन विषयों का तीव्र भाव से चिंतन किया है, उसका एक मानसिक प्रवाह रहता है। इसलिए वे विषय ध्यान के समय मन में उठते हैं। साधक का मन धीरे-धीरे स्थिरता की ओर जा रहा है, उनका उठना या ध्यान के समय स्मरण होना ही उसका प्रमाण है

कि मन कभी-कभी किसी भाव को लेकर एकवृत्तिस्थ हो जाता है, उसी का नाम है सविकल्प ध्यान।

आध्यात्मिक जीवन का सबसे बड़ा सहायक 'ध्यान' है। ध्यान द्वारा हम अपनी भौतिक भावनाओं से अपने आप को स्वतंत्र कर लेते हैं और अपने ईश्वरीय स्वरूप का अनुभव करने लगते हैं। ध्यान करते समय हमें किसी बाहरी साधनों पर अवलंबित नहीं रहना पड़ता।

ध्यान ही सबसे महत्त्वपूर्ण है। मन की यह ध्यानावस्था आध्यात्मिक जीवन की सर्वाधिक समीपता है। समस्त जड़ पदार्थों से मुक्त होकर आत्मा का अपने आप के बारे में चिंतन, आत्मा का यह अदभुत संस्पर्श, यही हमारे दैनिक जीवन में एकमात्र ऐसा क्षण है, जब हम किंचित् भी पार्थिव नहीं रह जाते।

तू सर्वव्यापी आत्मा है, इसी बात का मनन और ध्यान किया कर। मैं देह नहीं, मन नहीं, बुद्धि नहीं, स्थूल नहीं, सूक्ष्म नहीं, इस प्रकार 'नेति-नेति' करके प्रत्यक्ष चैतन्यरूपी अपने स्वरूप में मन को डुबो दे। इस प्रकार मन को बार-बार डुबो-डुबोकर मार डाल। तभी ज्ञान स्वरूप का बोध या स्व-स्वरूप में स्थिति होगी। उस समय ध्याता-ध्येन-ध्यान एक बन जाएँगे, ज्ञाता-ज्ञेय-ज्ञान एक हो जाएँगे। सभी अध्यासों की निवृत्ति हो जाएगी। इसी को शास्त्र में 'त्रिपुटि भेद' कहा गया है। इस स्थिति में जानने, न जानने का प्रश्न ही नहीं रह जाता। आत्मा ही जब एकमात्र विज्ञाता है, तब उसे फिर जानेगा कैसे? आत्मा ही ज्ञान, आत्मा ही चैतन्य, आत्मा ही सच्चिदानंद है।

***ध्यान ही सबसे महत्त्वपूर्ण है। मन की यह ध्यानावस्था आध्यात्मिक जीवन की सर्वाधिक समीपता है। समस्त जड़ पदार्थों से मुक्त होकर आत्मा का अपने आप के बारे में चिंतन, आत्मा का यह अदभुत संस्पर्श, यही हमारे दैनिक जीवन में एकमात्र ऐसा क्षण है, जब हम किंचित् भी पार्थिव नहीं रह जाते।***

इस समाधि में प्रत्येक मनुष्य का, यही नहीं, प्रत्येक प्राणी का अधिकार है। सबसे निम्नतर प्राणी से लेकर अत्यंत उन्नत देवता तक सभी, कभी-न-कभी, इस अवस्था को अवश्य प्राप्त करेंगे; और जब किसी को यह अवस्था प्राप्त हो जाएगी, तभी और सिर्फ तभी हम कहेंगे कि उसने

यथार्थ धर्म की प्राप्ति की है। इससे पहले हम उसकी ओर जाने के लिए केवल संघर्ष करते हैं। जो धर्म नहीं मानता, उसमें और हममें अभी कोई विशेष अंतर नहीं, क्योंकि हमें आत्म-साक्षात्कार नहीं हुआ। इस आत्मसाक्षात्कार तक हमें पहुँचाने के बिना एकाग्रता का और क्या शुभ उद्देश्य है ? इस समाधि को प्राप्त करने के प्रत्येक अंग पर गंभीर रूप से विचार किया गया है, उसे विशेष रूप से नियमित, श्रेणीबद्ध और वैज्ञानिक प्रणाली में संबद्ध किया गया है। यदि साधना ठीक-ठीक हो और पूर्ण निष्ठा के साथ की जाए, तो वह अवश्य हमें अभीष्ट लक्ष्य पर पहुँचा देगी और तब सारे दुःख-कष्टों का अंत हो जाएगा, कर्म का बीज दग्ध हो जाएगा और आत्मा चिरकाल के लिए मुक्त हो जाएगी।

## अहिंसा

शरीर, मन और वचन द्वारा कभी किसी प्राणी की हिंसा न करना या उन्हें क्लेश न देना, यह 'अहिंसा' कहलाता है। अहिंसा से बढ़कर और कोई धर्म नहीं। मनुष्य के लिए जीव के प्रति यह अहिंसा-भाव रखने से अधिक और कोई उच्चतर सुख नहीं है।

> ***शरीर, मन और वचन द्वारा कभी किसी प्राणी की हिंसा न करना या उन्हें क्लेश न देना, यह 'अहिंसा' कहलाता है। अहिंसा से बढ़कर और कोई धर्म नहीं। मनुष्य के लिए जीव के प्रति यह अहिंसा-भाव रखने से अधिक और कोई उच्चतर सुख नहीं है।***

अहिंसा की कसौटी है, ईर्ष्या का अभाव। कोई व्यक्ति भले ही क्षणिक आवेश में आकर अथवा किसी अंधविश्वास से प्रेरित हो या पुरोहितों के छक्के-पंजे में पड़कर कोई भला काम कर डाले अथवा खासा दान दे डाले, पर मानव जाति का सच्चा प्रेमी वह है, जो किसी के प्रति ईर्ष्या-भाव नहीं रखता। बहुधा देखा जाता है कि संसार में जो बड़े मनुष्य कहे जाते हैं, वे अकसर एक-दूसरे के प्रति केवल थोड़े से नाम, कीर्ति या चाँदी के चंद टुकड़ों के लिए ईर्ष्या करने लगते हैं। जब तक यह ईर्ष्या-भाव मन में रहता है, तब तक अहिंसा-भाव में प्रतिष्ठित होना बहुत दूर की बात है। गाय मांस नहीं खाती और न भेड़ ही; तो क्या वे बहुत बड़े योगी हो गए, अहिंसक हो गए ? ऐसा-गैरा कोई

भी कोई विशेष चीज खाना छोड़ सकता है, पर उससे वह घासाहारी पशुओं की अपेक्षा कोई विशेषता नहीं प्राप्त करता। जो मनुष्य निर्दयता के साथ विधवाओं और अनाथ बालक-बालिकाओं को ठग सकता है और जो थोड़े से धन के लिए जघन्य-से-जघन्य कृत्य करने में भी नहीं हिचकता, वह तो पशु से भी गया-बीता है, फिर चाहे वह घास खाकर ही क्यों न रहता हो। जिसके हृदय में कभी भी किसी के प्रति अनिष्ट विचार तक नहीं आता, जो अपने बड़े-से-बड़े शत्रु की भी उन्नति पर आनंद मनाता है, वही वास्तव में भक्त है, वही योगी है और वही सबका गुरु है, फिर भले ही वह प्रतिदिन शूकर-मांस ही क्यों न खाता हो। अतएव हमें इस बात का सदैव ध्यान रखना चाहिए कि बाह्य क्रियाएँ आंतरिक शुद्धि के लिए सहायक मात्र हैं। जब बाह्य कर्मों के साधन में छोटी-छोटी बातों का पालन करना संभव न हो, तो उस समय केवल अंतस्थ का अवलंबन करना श्रेयस्कर है। पर धिक्कार है उस व्यक्ति को, धिक्कार है उस राष्ट्र को, जो धर्म के सार को तो भूल जाता है और अभ्यासवश बाह्य अनुष्ठानों को ही कसकर पकड़े रहता है तथा उन्हें किसी तरह छोड़ता नहीं!

जो मुक्त होना चाहे, उसे अहिंसक बनना पड़ेगा। जिसमें अहिंसा का भाव है, उससे बढ़कर शक्तिशाली कोई नहीं है। उसकी उपस्थिति में न तो कोई लड़ सकता है और न झगड़ा कर सकता है। हाँ वह जहाँ कहीं होगा, वहीं उसकी उपस्थिति मात्र से शांति और प्रेम उद्‌भूत होगा, दूसरी किसी वस्तु की आवश्यकता नहीं है। उसकी उपस्थिति में न तो कोई क्रुद्ध होगा, न लड़ेगा। उसके सामने पशु, हिंस्र पशु तक शांत रहेंगे।

सब महापुरुषों का उपदेश है कि 'अशुभ का प्रतिरोध न करो', अप्रतिरोध ही सर्वोच्च नैतिक आदर्श है। हम जानते हैं कि यदि हममें से कुछ लोग इस सूत्र को पूर्णतः चरितार्थ करने लगें, तो समाज

*जो मुक्त होना चाहे, उसे अहिंसक बनना पड़ेगा। जिसमें अहिंसा का भाव है, उससे बढ़कर शक्तिशाली कोई नहीं है। उसकी उपस्थिति में न तो कोई लड़ सकता है और न झगड़ा कर सकता है। हाँ वह जहाँ कहीं होगा, वहीं उसकी उपस्थिति मात्र से शांति और प्रेम उद्‌भूत होगा, दूसरी किसी वस्तु की आवश्यकता नहीं है।*

का सारा संघटन ही छिन्न-भिन्न हो जाएगा। दुष्ट लोग हमारी जान और माल पर हाथ मारने और मनमानी करने लगेंगे। यदि इस प्रकार का 'अप्रतिरोध धर्म' एक दिन भी आचरण में लाया जाए, तो बड़ी गड़बड़ी मच जाएगी। परंतु फिर भी अपने हृदय के अंतस्तल से हम 'अशुभ का प्रतिरोध न करो' उपदेश की सत्यता अनुभव करते रहते हैं। हमें वह सर्वोच्च आदर्श प्रतीत होता है; परंतु केवल इसी मत का प्रचार करना अधिकांश मानवता की भर्त्सना करना होगा। इतना ही नहीं, बल्कि इसके द्वारा मनुष्यों को सदा यही अनुभव होने लगेगा कि वे अन्याय ही कर रहे हैं। उनके हृदय में प्रत्येक कार्य के बारे में संकल्प-विकल्प सा होने लगेगा, उनका मन दुर्बल हो जाएगा तथा अन्य किसी दुर्गुण की अपेक्षा यह गलत आत्म-धिक्कार उनमें अधिक दुर्गुणों को उत्पन्न कर देगा।

निष्क्रियता का हर प्रकार से त्याग करना चाहिए। क्रियाशीलता का अर्थ है 'प्रतिरोध'। मानसिक तथा शारीरिक समस्त दोषों का प्रतिरोध करो और जब तुम इस प्रतिरोध में सफल होंगे, तभी शांति प्राप्त होगी। यह कहना बड़ा सरल है कि 'किसी से घृणा मत करो, किसी अशुभ का प्रतिरोध मत करो', परंतु हम जानते हैं कि इसे कार्यरूप में परिणत करना क्या है। जब सारे समाज की आँखें हमारी ओर लगी हों, तो हम अप्रतिरोध का प्रदर्शन भले ही करें, परंतु हमारे हृदय में वह सदैव कुरेदती रहती हैं।

*गृहस्थ को अपने शत्रु के सामने शूर होना चाहिए तथा गुरु और बंधुजन के समक्ष नम्र। शत्रु के सम्मुख शूरता प्रकट करके उसे उस पर शासन करना चाहिए। यह गृहस्थ का आवश्यक कर्तव्य है। गृहस्थ को घर में कोने में बैठकर रोना और 'अहिंसा परमो धर्मः' कहकर खाली बकवास नहीं करनी चाहिए।*

गृहस्थ को अपने शत्रु के सामने शूर होना चाहिए तथा गुरु और बंधुजन के समक्ष नम्र। शत्रु के सम्मुख शूरता प्रकट करके उसे उस पर शासन करना चाहिए। यह गृहस्थ का आवश्यक कर्तव्य है। गृहस्थ को घर में कोने में बैठकर रोना और 'अहिंसा परमो धर्मः' कहकर खाली बकवास नहीं करनी चाहिए। यदि वह शत्रु के सम्मुख वीरता नहीं दिखाता है तो वह अपने कर्तव्य की अवहेलना करता है।

इस महान् सत्य को हम सबको अवगत कर लेना चाहिए कि सभी विषयों में दोनों चरम अवस्थाएँ एक सदृश होती हैं। चरम 'अस्ति' और चरम 'नास्ति', दोनों सदैव एक समान होते हैं। उदाहरणार्थ, प्रकाश का स्पंदन यदि अत्यंत मंद होता है तो हम उसे नहीं देख सकते; और इसी प्रकार जब वह अत्यंत तीव्र होता है, तब भी हम उसे देखने में असमर्थ होते हैं। "ध्वनि के संबंध में भी ठीक ऐसा ही है। न तो उसके तार-स्वर के बहुत निम्न होने पर हम उसे सुन सकते हैं और न उसके बहुत उच्च होने पर।" इसी प्रकार का भेद 'प्रतिरोध' तथा 'अप्रतिरोध' में है। एक मनुष्य इसलिए प्रतिरोध नहीं करता कि वह कमजोर है, सुस्त है, असमर्थ है; दूसरी ओर एक दूसरा मनुष्य है, जो वह जानता है कि यदि वह चाहे, तो जबरदस्त प्रतिरोध कर सकता है, परंतु फिर भी वह केवल अप्रतिरोध ही नहीं करता, वरन् अपने शत्रुओं के प्रति शुभकामनाएँ भी प्रकट करता है। अतः वह मनुष्य, जो दुर्बलता के कारण प्रतिरोध नहीं करता, पापग्रस्त होता है और इसलिए अप्रतिरोध से कोई लाभ नहीं उठा सकता, परंतु दूसरा मनुष्य यदि प्रतिरोध करे, तो वह भी पाप का भागी होता है।

□

14

# आत्मा के बद्ध और मुक्त भाव

अद्वैत दर्शन के अनुसार विश्व में केवल एक ही वस्तु सत्य है, और वह है ब्रह्म। ब्रह्मेतर समस्त वस्तुएँ मिथ्या हैं, ब्रह्म ही उन्हें माया के योग से बनाता एवं अभिव्यक्त करता है। स्वामीजी के अनुसार, उस ब्रह्म की पुनः प्राप्ति ही हमारा उद्देश्य है। हम, हममें से प्रत्येक वही ब्रह्म है, वही परम तत्त्व है, पर माया से युक्त। अगर हम इस माया अथवा अज्ञान से मुक्त हो सके, तो हम अपने असली स्वरूप को पहचान लेंगे। इस दर्शन के अनुसार, प्रत्येक व्यक्ति तीन तत्त्वों से बना है : देह, अंतरिंद्रिय अथवा मन, और आत्मा, जो इन सबके पीछे है। शरीर आत्मा का बाहरी आवरण है और मन भीतरी। यह आत्मा ही वस्तुतः द्रष्टा और भोक्ता है तथा यही शरीर में बैठी हुई मन के द्वारा शरीर को संचालित करती रहती है।

मानव-शरीर में आत्मा का ही एकमात्र अस्तित्व है और यह आत्मा चेतन है। चूँकि यह चेतन है, इसलिए यह यौगिक नहीं हो सकती। और चूँकि यह यौगिक नहीं है, इसलिए इस पर कार्य-कारण का नियम नहीं लागू हो सकता। अतः यह अमर है। जो अमर है, उसका कोई आदि नहीं हो सकता, क्योंकि जिस वस्तु का आदि होता है, उसका अंत भी संभव है। इससे यह भी सिद्ध होता है कि उसका कोई रूपाकार नहीं है, कोई रूप भौतिक द्रव्यों के बिना संभव नहीं। जिस वस्तु का कोई रूपाकार होगा, उसका आदि और अंत भी होगा ही। हम लोगों में से किसी ने कभी ऐसी वस्तु नहीं देखी, जिसका आकार तो हो, पर आदि और अंत न हो। रूपाकार की सृष्टि शक्ति एवं भौतिक द्रव्य के संयोग से होती है। इस

कुरसी का एक विशिष्ट आकार है, अर्थात् एक निश्चित परिमाणवाले भौतिक द्रव्य पर कुछ शक्तियों ने इस प्रकार काम किया कि इसका यह रूप बन गया है। आकार शक्ति एवं भौतिक द्रव्य के संयोग का परिणाम है। पर कोई भी संयोग अनंत नहीं होता। कभी-न-कभी उसका विघटन होता ही है। इस तरह यह सिद्ध होता है कि हर रूप का आदि और अंत है। हम जानते हैं कि हमारा यह शरीर एक-न-एक दिन नष्ट होगा। इसका जन्म हुआ है, इसलिए मरण भी होगा ही। किंतु आत्मा का कोई रूप नहीं है, इसलिए वह आदि और अंत से परे है। इसका अस्तित्व अनादि काल से है। जैसे काल शाश्वत है, वैसे ही मनुष्य की आत्मा भी शाश्वत है। फिर, यह अवश्य ही सर्वव्यापक होगी। केवल उन्हीं वस्तुओं का विस्तार सीमित होता है, जिनका कोई रूप होता है। जिसका कोई रूप ही नहीं, उसके विस्तार की क्या सीमा है? इसलिए अद्वैत वेदांत के अनुसार आत्मा, जो मुझमें, तुममें, सबमें है, सर्वव्यापक है। और जब ऐसी ही बात है, तब तो सूर्य में, पृथ्वी पर, अमेरिका में, इंग्लैंड में हर जगह तुम सामान्य रूप से वर्तमान हो। किंतु आत्मा, शरीर और मन के माध्यम से ही काम करती है। अत: जहाँ शरीर और मन है, वहीं उसका कार्य दृष्टिगोचर होता है।

हमारा हर कार्य, जो हम करते हैं, हर विचार, जो हम सोचते हैं, मन पर एक छाप छोड़ जाता है, जिसे संस्कृत में 'संस्कार' कहते हैं। ये सभी संस्कार मिल-जुलकर एक ऐसी महती शक्ति का रूप लेते हैं, जिसे 'चरित्र' कहते हैं। उसने अपने आप के लिए जिसका निर्माण किया है, वही उस मनुष्य का चरित्र है, यह मानसिक एवं दैहिक क्रियाओं का परिणाम है, जिन्हें उसने अपने जीवन में किया है। संस्कारों की समष्टि वह शक्ति है, जिससे यह निश्चित होता है कि मृत्यु के बाद मनुष्य किस दिशा में जाएगा। मनुष्य के मरने पर उसका शरीर तत्त्वों में मिल जाता है। किंतु संस्कार मन में संलग्न रहते हैं

***ये सभी संस्कार मिल-जुलकर एक ऐसी महती शक्ति का रूप लेते हैं, जिसे 'चरित्र' कहते हैं। उसने अपने आप के लिए जिसका निर्माण किया है, वही उस मनुष्य का चरित्र है, यह मानसिक एवं दैहिक क्रियाओं का परिणाम है, जिन्हें उसने अपने जीवन में किया है।***

और चूँकि मन शरीर की अपेक्षा अधिक सूक्ष्म तत्त्वों से बना होता है, इसलिए विघटित नहीं होता। क्योंकि भौतिक द्रव्य जितना ही सूक्ष्मतर होता है, उतना ही दृढ़तर होता है, अंततोगत्वा मन भी विघटित होता है। हम सभी उसी विघटन की स्थिति के लिए प्रयत्न कर रहे हैं। इस संबंध में सबसे अच्छा उदाहरण, जो मेरे मन में अभी आ रहा है, चक्रवात का है। विभिन्न वायु-तरंगें विभिन्न दिशाओं से आकर मिलती हैं और एकाकार होकर मिलन-बिंदु में वे संघटित हो जाती हैं तथा चक्र बनाती जाती हैं। चक्राकार स्थिति में वे धूलिकण, कागज के टुकड़े आदि नाना पदार्थों का एक रूप बना लेती हैं, जिन्हें बाद में गिराकर वे पुनः किसी दूसरे स्थान पर जाकर यही क्रम फिर रचती हैं। ठीक इसी प्रकार वे शक्तियाँ, जिन्हें संस्कृत में 'प्राण' कहते हैं, परस्पर मिलकर भौतिक पदार्थों के संगोग से मन तथा शरीर की रचना करती हैं। चक्रवात की तरह ही वे कुछ समय में इन पदार्थों को गिराकर अन्यत्र यही कार्य पुनः करती हुई आगे बढ़ती जाती हैं। किंतु पदार्थ के बिना शक्ति की कोई गति नहीं, इसलिए जब शरीर छूट जाता है, मनस्तत्त्व रह जाता है, और इसमें संस्कारों के रूप में प्राण कार्य करते हैं। किसी दूसरे बिंदु पर जाकर ये पुनः नए पदार्थों का चक्र खड़ा करते हैं। इस तरह ये तब तक भ्रमण करते रहते हैं, जब तक संस्काररूपी शक्तियों का पूर्णतः क्षय नहीं हो जाएगा, तब हम मुक्त हो जाएँगे। इससे पहले हम बंधन में हैं। हमारी आत्मा मन के चक्रवात से ढकी रहती है और सोचती है कि वह एक स्थान से दूसरे स्थान में ले जाई जाती है। जब चक्रवात समाप्त हो जाता है, तब वह अपने को सर्वत्र व्याप्त पाती है। उसे तब अनुभव होता है कि वह तो स्वेच्छा से कहीं भी जा सकती है, वह पूर्णतः स्वतंत्र है और चाहे तो अनेकानेक शरीर और मन की रचना कर सकती है। किंतु जब तक चक्रवात की समाप्ति नहीं होती, उसे उसके साथ ही

*ठीक इसी प्रकार वे शक्तियाँ, जिन्हें संस्कृत में 'प्राण' कहते हैं, परस्पर मिलकर भौतिक पदार्थों के संयोग से मन तथा शरीर की रचना करती हैं। चक्रवात की तरह ही वे कुछ समय में इन पदार्थों को गिराकर अन्यत्र यही कार्य पुनः करती हुई आगे बढ़ती जाती हैं।*

चलना पड़ेगा। हम सभी इस चक्रवात से मुक्ति के लक्ष्य की ओर बढ़ रहे हैं।

मान लो कि इस कमरे में एक गेंद है और हम सबके हाथ में एक-एक बल्ला है। सैकड़ों बार हम उसे मारते हुए इधर-से-उधर करते रहते हैं, जब तक कि वह कमरे से बाहर नहीं चली जाती। किस वेग से एवं किस दिशा में वह बाहर जाएगी—यह इस बात पर निर्भर करेगा कि जब वह कमरे में थी, तो उस पर कितनी शक्तियाँ कार्य कर रही थीं। उसके ऊपर जितनी शक्तियों का प्रयोग किया गया, उन सबका प्रभाव उस पर पड़ेगा। हमारी मानसिक और शारीरिक क्रियाएँ ऐसे ही आघात हैं। मानव-मन वह गेंद है, जिस पर आघात दिया जाता है। यह संसार मानो एक कमरा है, जिसमें मनरूपी गेंद के ऊपर हमारे नाना कार्यकलापों का प्रभाव पड़ता है एवं इसके बाहर जाने की दिशा एवं गति इन सारी शक्तियों के ऊपर निर्भर होती है। इस तरह इस संसार में हम जो भी कार्य करते हैं, उन्हीं के आधार पर हमारा भावी जीवन निश्चित होता है। इसलिए हमारा वर्तमान जीवन हमारे विगत जीवन का परिणाम है।

*मानव-मन वह गेंद है, जिस पर आघात दिया जाता है। यह संसार मानो एक कमरा है, जिसमें मनरूपी गेंद के ऊपर हमारे नाना कार्यकलापों का प्रभाव पड़ता है एवं इसके बाहर जाने की दिशा एवं गति इन सारी शक्तियों के ऊपर निर्भर होती है।*

एक उदाहरण लो : मान लो, मैं तुमको एक ऐसी शृंखला देता हूँ, जिसका आदि-अंत नहीं है। उस शृंखला में हर सफेद कड़ी के बाद एक काली कड़ी है; और वह भी आदि-अंतहीन है। जब मैं तुमसे पूछता हूँ कि वह शृंखला किस प्रकृति की है? पहले तो, इसकी प्रकृति बतलाने में तुमको कठिनाई होगी, क्योंकि यह शृंखला तो अनंत है। पर शीघ्र ही तुमको पता चलेगा कि यह तो एक ऐसी शृंखला है, जिसकी रचना काली और सफेद कड़ियों को पूर्व क्रम में जोड़ने से हुई है। और इतना भर जान लेने से ही तुमको संपूर्ण शृंखला की प्रकृति का ज्ञान हो जाता है, क्योंकि यह एक पूर्ण आकृति है। बार-बार जन्म लेकर हम ऐसी ही अनंत शृंखला की रचना करते हैं, जिसमें हर जीवन एक कड़ी है। और इस कड़ी का आदि है जन्म, और अंत है मरण। अभी जो हम हैं, और जो हम

करते हैं, किंचित् परिवर्तन के साथ उसी की आवृत्ति बार-बार होती रहती है। इस तरह अगर हम जन्म और मरण इन दो कड़ियों को समझ लें, तो हम उस संपूर्ण मार्ग को समझ सकते हैं, जिससे होकर हमें गुजरना है। हम देखते हैं कि हमारे वर्तमान जीवन को तो हमारे पूर्व जीवन के कार्यकलापों ने ही निश्चित कर दिया था। जिस प्रकार हमारे वर्तमान जीवन के कार्यकलापों का प्रभाव आनेवाले जीवन पर पड़ेगा, उसी प्रकार हमारे पूर्व जीवन के कर्मों का प्रभाव भी हमारे वर्तमान जीवन पर पड़ रहा है।

कौन हमें ले आता है? हमारे प्रारब्ध कर्म, हमारे क्रियमाण कर्म। और इसी प्रकार हम आते और जाते हैं। जैसे लार्वा अपने ही भीतर के पदार्थों से बने तंतुओं को मुँह से निकाल-निकालकर, अपने चारों तरफ कोया बना लेता है और उसमें अपने को बाँध लेता है, वैसे ही हम भी अपने ही कर्मों के जाल में स्वयंबद्ध हो जाते हैं। कार्य-कारण-नियम के इस जाल में हम एक बार उलझ क्या जाते हैं कि इससे बाहर निकलना मुश्किल हो जाता है। एक बार हमने यह चक्र चला दिया और अब इसी में पिस रहे हैं। इस तरह यह दर्शन बतलाता है कि मनुष्य अपने ही अच्छे-बुरे कर्मों से बँधता चला जाता है।

*आत्मा न कभी आती है, न जाती है; यह न तो कभी जन्म लेती है और न कभी मरती है। प्रकृति ही आत्मा के सम्मुख गतिशील है और इस गति की छाया आत्मा पर पड़ती रहती है। भ्रमवश आत्मा सोचती है कि प्रकृति नहीं, बल्कि वही गतिशील है।*

आत्मा न कभी आती है, न जाती है; यह न तो कभी जन्म लेती है और न कभी मरती है। प्रकृति ही आत्मा के सम्मुख गतिशील है और इस गति की छाया आत्मा पर पड़ती रहती है। भ्रमवश आत्मा सोचती है कि प्रकृति नहीं, बल्कि वही गतिशील है। जब तक आत्मा ऐसा सोचती रहती है, तब तक वह बंधन में रहती है; किंतु जब उसे यह पता चल जाता है कि वह सर्वव्यापक है तो वह मुक्ति का अनुभव करती है। जब तक आत्मा बंधन में रहती है, तब तक उसे जीवन कहते हैं। इस तरह तुमने देखा कि समझने की सुविधा के लिए ही हम ऐसा कहते हैं कि आत्मा आती है और जाती है, ठीक वैसे ही, जैसे खगोलशास्त्र में सुविधा

के लिए यह कल्पना करने के लिए कहा जाता है कि सूर्य पृथ्वी के चारों तरफ घूमता है, यद्यपि वस्तुत: बात वैसी नहीं है। तो जीव, अर्थात् आत्मा, ऊँचे या नीचे स्तर पर आता-जाता रहता है। यही सुप्रसिद्ध पुनर्जन्मवाद का नियम है; सृष्टि इसी नियम से बद्ध है।

इस देश में लोगों को यह बात विचित्र लगती है कि आदमी पशु के स्तर से आया है। क्यों? अगर ऐसा न हो, तो इन करोड़ों पशुओं की क्या गति होगी? क्या उनका कोई अस्तित्व नहीं है? अगर हमारे अंदर आत्मा का निवास है तो उनके अंदर भी है और अगर उनके अंदर नहीं है तो हमारे अंदर भी नहीं है। यह कहना कि केवल मनुष्यों में ही आत्मा होती है, पशुओं में नहीं, बिल्कुल बेतुका है। मैंने पशु से भी गए-गुजरे मनुष्यों को देखा है।

मानवात्मा ने ऊँचे तथा नीचे, विभिन्न स्तरों पर निवास किया है। संस्कारों के चलते यह एक से दूसरा रूप बदलती रहती है। किंतु जब यह मनुष्य के रूप में उच्चतम स्तर पर रहती है, तभी मुक्ति उसे मिल पाती है। इस तरह मनुष्यत्व का स्तर सबसे उन्नत स्तर है; देवत्व से भी उन्नत। क्योंकि मनुष्यत्व के स्तर पर ही आत्मा को मुक्ति मिल सकती है।

> ***यह संपूर्ण विश्व कभी ब्रह्म में ही था। ब्रह्म से यह मानो निकल आया है और तब से सतत भ्रमण करता हुआ यह पुन: अपने उद्गम-स्थान पर वापस जाना चाहता है। यह सारा क्रम कुछ ऐसा ही है, जैसे डाइनेमो से बिजली का निकलना और विभिन्न धाराओं से चक्कर काटकर पुन: उसी में चले जाना।***

यह संपूर्ण विश्व कभी ब्रह्म में ही था। ब्रह्म से यह मानो निकल आया है और तब से सतत भ्रमण करता हुआ यह पुन: अपने उद्गम-स्थान पर वापस जाना चाहता है। यह सारा क्रम कुछ ऐसा ही है, जैसे डाइनेमो से बिजली का निकलना और विभिन्न धाराओं से चक्कर काटकर पुन: उसी में चले जाना। आत्मा ब्रह्म से प्रक्षेपित होकर विभिन्न रूपों—वनस्पति तथा पशु-लोकों—से होती हुई मनुष्य के रूप में आविर्भूत होती है। मनुष्य ब्रह्म के सबसे अधिक समीप है। वस्तुत: जीवन का सारा संग्राम इसलिए है कि पुन: आत्मा ब्रह्म में मिल जाए। लोग इस बात को समझते हैं

या नहीं—यह उतना महत्त्व नहीं रखता। विश्व भर में द्रव्यों, वनस्पतियों अथवा पशुओं में जो कुछ भी गति दिख पड़ती है, वह इसलिए है कि आत्मा अपने मौलिक केंद्र पर चली जाए और शांति लाभ करे। प्रारंभ में साम्यावस्था रही, पर वह नष्ट हो गई; और अब सारे अणु-परमाणु इसी प्रयास में हैं कि पुनः वह साम्यावस्था आ जाए। इस प्रयास में ये अनेक बार एक-दूसरे से मिलते और नए-नए रूप धारण करते हैं, जिसके परिणामस्वरूप प्रकृति में विभिन्न दृश्य देखने को मिलते हैं। वनस्पतियों में, पशुओं में तथा सर्वज्ञ ही जो प्रतिद्वंद्विता, जो संग्राम, जो सामाजिक तनाव और युद्ध होते हैं, वे सभी उसी शाश्वत संग्राम की अभिव्यक्तियाँ हैं, जो मौलिक साम्यावस्था की प्राप्ति के लिए हो रही हैं।

जन्म से मृत्यु तक की इस यात्रा को संस्कृत में 'संसार' कहते हैं, जिसका शाब्दिक अर्थ है, जन्म-मरण का चक्र। इस चक्र से गुजरती हुई सारी सृष्टि ही कभी-न-कभी मोक्ष को प्राप्त करेगी। अब प्रश्न हो सकता है कि जब सबको मोक्ष प्राप्ति होगी ही, तब 'प्रयास' की क्या आवश्यकता है? जब सब लोग मुक्त हो ही जाएँगे, तो क्यों न हम चुपचाप बैठकर इसकी प्रतीक्षा करें? इतना तो सत्य अवश्य है कि कभी-न-कभी सभी जीव मुक्त हो जाएँगे, कोई नहीं रह जाएगा। किसी का भी विनाश नहीं होगा, सबका उद्धार हो जाएगा। अगर ऐसा हो, तो प्रयत्न से क्या लाभ? पहली बात तो यह है कि प्रयत्न से ही हम मौलिक केंद्र पर पहुँच पाएँगे; दूसरी बात यह है कि हम स्वयं नहीं जानते कि हम प्रयत्न क्यों करते हैं। हमें प्रयत्न करते रहना है, बस। "सहस्रों लोगों में कुछ लोग यह जानते हैं कि वे मुक्त हो जाएँगे।" संसार के असंख्य लोग अपने भौतिक क्रियाकलापों

*जन्म से मृत्यु तक की इस यात्रा को संस्कृत में 'संसार' कहते हैं, जिसका शाब्दिक अर्थ है, जन्म-मरण का चक्र। इस चक्र से गुजरती हुई सारी सृष्टि ही कभी-न-कभी मोक्ष को प्राप्त करेगी। अब प्रश्न हो सकता है कि जब सबको मोक्ष प्राप्ति होगी ही, तब 'प्रयास' की क्या आवश्यकता है? जब सब लोग मुक्त हो ही जाएँगे, तो क्यों न हम चुपचाप बैठकर इसकी प्रतीक्षा करें?*

से ही संतुष्ट हैं। पर कुछ ऐसे लोग भी अवश्य मिलेंगे, जो जाग्रत् हैं और जो संसार-चक्र से ऊब गए हैं। वे अपनी मौलिक साम्यावस्था में पहुँचना चाहते हैं। ऐसे विशिष्ट लोग जान-बूझकर मुक्ति के लिए प्रयत्न करते हैं, जबकि आम लोग अनजाने ही उसमें रत रहते हैं।

वेदांत दर्शन का आदि-अंत है—'संसार त्याग दो'—असत्य को छोड़कर सत्य की खोज करो। जिन्हें संसार से आसक्ति है, वे पूछ सकते हैं, "क्यों हम संसार से विमुख होने का प्रयास करें? क्यों हम मौलिक केंद्र पर लौट चलने के लिए प्रयत्न करें? माना कि हम सभी ईश्वर के यहाँ से आए हैं। पर हम इस संसार को पर्याप्त आनंदप्रद तो हैं, हम क्यों न संसार का अधिकाधिक उपभोग करें? इससे विमुख होने के लिए प्रयास ही क्यों करें?" वे कहते हैं, देखो, संसार में कितना विकास हो रहा है, आनंद के कितने साधन निकाले जा रहे हैं। यह सबकुछ तो आनंदोपभोग के लिए ही है न? हम क्यों इन सारी चीजों से मुँह मोड़कर उस वस्तु के लिए तपस्या करें, जो इन सबसे भिन्न है? इन सारी बातों के लिए जवाब यह है कि इस संसार का निश्चय ही अंत होगा, यह खंड होकर विनष्ट हो जाएगा। इन सारे आनंदों को हम कई जन्मों में भोग चुके हैं। जिन चीजों को अभी हम देख रहे हैं, उनका आविर्भाव कई बार पहले भी हो चुका है। मैं यहाँ कई बार आ चुका हूँ और कई बार तुम सबसे पहले भी बातें कर चुका हूँ। जिन शब्दों को तुम अभी सुन रहे हो, उन्हें पहले भी अनेक बार सुन चुके हो और अभी और भी कितनी बार सुनोगे। हमारे शरीर बदलते रहते हैं, पर आत्माएँ तो एक ही रहती हैं। दूसरी बात यह है कि जिन चीजों को तुम अभी देख रहे हो, वे कालांतर से आती ही रहती हैं। यह इस उदाहरण से स्पष्ट हो जाएगा। मान लो कि तीन-चार पासे हैं और जब तुम उन्हें फेंकते हो, तो किसी में पाँच, किसी में चार, किसी में

*वेदांत दर्शन का आदि-अंत है—'संसार त्याग दो'—असत्य को छोड़कर सत्य की खोज करो। जिन्हें संसार से आसक्ति है, वे पूछ सकते हैं, "क्यों हम संसार से विमुख होने का प्रयास करें? क्यों हम मौलिक केंद्र पर लौट चलने के लिए प्रयत्न करें? माना कि हम सभी ईश्वर के यहाँ से आए हैं।*

तीन और किसी में दो अंक निकल आते हैं। अगर तुम उन्हें बार-बार फेंकते रहो, तो निश्चय ही ये अंक दुहराए जाएँगे। हाँ, यह नहीं कहा जा सकता कि कितनी बार फेंकने से ऐसा होगा; वह तो संयोग पर निर्भर करता है। ठीक यही बात आत्माओं तथा उनसे संबद्ध वस्तुओं के संबंध में भी कही जा सकती है। एक बार जो रचनाएँ हुईं और उनके विघटन हुए, उन्हीं की आवृत्ति बार-बार होगी, चाहे इन आवृत्तियों के बीच जितना भी समय लगे। पैदा होना, खाना-पीना और फिर मर जाना—जीवन का यह क्रम न जाने कितनी बार आता-जाता रहेगा। कुछ लोग तो ऐसे हैं, जो सांसारिक भोग से ऊपर उठ ही नहीं सकते। पर वे लोग जो ऊपर उठना चाहते हैं, यह अनुभव करते हैं कि ये आनंद पारमार्थिक नहीं हैं, वरन् नगण्य हैं।

हम ऐसा कह सकते हैं कि कीट से लेकर मनुष्य तक जितने स्वरूप दिख पड़ते हैं, सभी 'शिकागो हिंडोले' (झूले) के डिब्बों की तरह हैं, जो हमेशा घूमता रहता है, पर उसके डिब्बों में बैठनेवाले बदलते रहते हैं, कोई मनुष्य किसी डिब्बे में घुसता है, हिंडोले के साथ घूमता है और फिर बाहर निकल आता है। किंतु हिंडोला घूमता ही रहता है। इसी प्रकार कोई जीव किसी शरीर में प्रवेश करता है, उसमें कुछ समय के लिए निवास करता है, फिर उसे छोड़कर दूसरे शरीर को धारण करता है और उसे भी छोड़कर फिर अन्य शरीर में प्रवेश कर जाता है। यह चक्र तब तक चलता रहता है, जब तक जीव इस चक्र से बाहर आकर मुक्त नहीं हो जाता।

*हम ऐसा कह सकते हैं कि कीट से लेकर मनुष्य तक जितने स्वरूप दिख पड़ते हैं, सभी 'शिकागो हिंडोले' (झूले) के डिब्बों की तरह हैं, जो हमेशा घूमता रहता है, पर उसके डिब्बों में बैठनेवाले बदलते रहते हैं, कोई मनुष्य किसी डिब्बे में घुसता है, हिंडोले के साथ घूमता है और फिर बाहर निकल आता है। किंतु हिंडोला घूमता ही रहता है।*

हर देश में हर समय मनुष्य के भूत-भविष्य को जान लेने की विस्मयकर शक्ति का परिचय मिलता है। किंतु इसकी व्याख्या यह है कि जब तक आत्मा कार्य-कारण की परिधि में रहती है—यद्यपि उसकी अंतर्निहित स्वतंत्रता तब भी बनी रहती है, और वह अपनी इस शक्ति का प्रयोग भी कर सकती है,

जिसके द्वारा कुछ लोग आवागमन के चक्र से मुक्त हो जाते हैं—तब तक इसके क्रियाकलापों पर कार्य-कारण-नियम का बड़ा प्रभाव रहता है, और इसी से कार्य-कारण-परंपरा को समझनेवाली अंतर्दृष्टि से संपन्न व्यक्तियों के लिए भूत-भविष्य बता देना संभव हो सकता है।

जब तक मनुष्य में वासना बनी रहेगी, तब तक उसकी अपूर्णता स्वत: प्रमाणित होती रहेगी। एक पूर्ण एवं मुक्त प्राणी कभी किसी चीज की आकांक्षा नहीं करता। ईश्वर कुछ चाहता नहीं है। अगर उसके भीतर भी इच्छाएँ जगें, तो वह ईश्वर नहीं रह जाएगा—वह अपूर्ण हो जाएगा। इसलिए यह कहना कि ईश्वर यह चाहता है, वह चाहता है, वह क्रमश: क्रुद्ध एवं प्रसन्न होता है—महज बच्चों का तर्क है, जिसका कोई अर्थ नहीं। इसलिए सभी आचार्यों ने कहा है, "वासना को छोड़ो, कभी कोई आकांक्षा न रखो और पूर्णत: संतुष्ट रहो।"

बच्चा जब संसार में आता है तो उसके दाँत नहीं होते और वह घुटने के बल चलता है—जब वृद्ध होकर आदमी संसार से विदा लेने लगता है, तब भी उसके दाँत नहीं रहते और उसे भी घुटने के बल चलना पड़ता है। दोनों ही छोर एक-से हैं। पर एक ओर जहाँ जीवन का कोई अनुभव नहीं रहता, वहीं दूसरी ओर व्यक्ति जीवन के सारे अनुभवों को देख चुका होता है। इसी तरह जब ईथर की तरंगों के कंपन धीमे रहते हैं, तो हम प्रकाश नहीं देखते, अंधकार रहता है। पर जब ये कंपन अत्यंत तेज हो जाते हैं, तब भी अंधकार हो जाता है। इससे तो यही सिद्ध होता है कि दो अतियों की स्थिति समान होती है, पर उनमें आकाश-पाताल का अंतर रहता है। दीवार की कोई वासना नहीं होती और पूर्ण व्यक्ति की भी कोई वासना नहीं रहती। पर दीवार को किसी चीज की कामना के लिए चेतना ही

*बच्चा जब संसार में आता है तो उसके दाँत नहीं होते और वह घुटने के बल चलता है—जब वृद्ध होकर आदमी संसार से विदा लेने लगता है, तब भी उसके दाँत नहीं रहते और उसे भी घुटने के बल चलना पड़ता है। दोनों ही छोर एक-से हैं। पर एक ओर जहाँ जीवन का कोई अनुभव नहीं रहता, वहीं दूसरी ओर व्यक्ति जीवन के सारे अनुभवों को देख चुका होता है।*

नहीं है, जबकि पूर्ण व्यक्ति को किसी चीज की कामना ही शेष नहीं रह जाती। ऐसे भी मूर्ख मिलेंगे ही, जो अपनी अज्ञता के कारण किसी तरह की आकांक्षा नहीं रखते, साथ ही पूर्णत्व की स्थिति में भी कोई आकांक्षा नहीं रह जाती। पर जीवन की इन दोनों स्थितियों में आकाश-पाताल का अंतर है; एक जहाँ पशुत्व के समीप है, वहीं दूसरा ब्रह्मत्व के।

□

# 15
# नेतृत्वपरक विचार

- 'श्रेयांसि बहुविघ्नानि'—अच्छे कर्मों में कितने ही विघ्न आते हैं। प्रलय मचाना ही होगा, इससे कम में किसी तरह नहीं चल सकता। कुछ परवाह नहीं। दुनिया भर में प्रलय मच जाएगी, वाह! गुरु की फतह! अरे भाई! श्रेयांसि बहुविघ्नानि, उन्हीं विघ्नों की रेल-पेल में आदमी तैयार होता है। मिशनरी का काम थोड़े ही है, जो यह धक्का सँभालें! बड़े-बड़े बह गए, अब गड़रिए का काम है, जो थाह ले? यह सब नहीं चलने का भैया, कोई चिंता न करना। सभी कामों में एक दल शत्रुता ठानता है; अपना काम करते जाओ, किसी की बात का जवाब देने से क्या काम? सत्यमेव जयते नानृतं, सत्येनैव पन्था विततो देवयान: (सत्य की ही विजय होती है, मिथ्या की नहीं; सत्य के ही बल से देवयानमार्ग की गति मिलती है।) धीरे-धीरे सब होगा।
- 'बसंत की तरह लोक का हित करते हुए'—यही मेरा धर्म है। "मुझे मुक्ति और भक्ति की चाह नहीं। लाखों नरकों में जाना मुझे स्वीकार है, बसन्तवल्लोकहितं चरंत:—यही मेरा धर्म है।"
- अंत में प्रेम की ही विजय होती है। हैरान होने से काम नहीं चलेगा—ठहरो, धैर्य धारण करने पर सफलता अवश्यंभावी है—तुमसे कहता हूँ देखना—कोई बाहरी अनुष्ठान पद्धति आवश्यक न हो—बहुत्व में एकत्व सार्वजनीन भाव में किसी तरह की बाधा न हो। यदि आवश्यक हो तो 'सार्वजनीनता' के भाव की रक्षा के लिए सबकुछ छोड़ना होगा।

मैं मरूँ चाहे बचूँ, देश जाऊँ या न जाऊँ, तुम लोग अच्छी तरह याद रखना कि सार्वजनीनता—हम लोग केवल इसी भाव का प्रचार नहीं करते कि, "दूसरों के धर्म का द्वेष न करना"; नहीं, हम सब लोग सब धर्मों को सत्य समझते हैं और उनका ग्रहण भी पूर्ण रूप से करते हैं। हम इसका प्रचार भी करते हैं और इसे कार्य में परिणत कर दिखाते हैं।

- अकेले रहो, अकेले रहो। जो अकेला रहता है, उसका किसी से विरोध नहीं होता, वह किसी की शांति भंग नहीं करता, न दूसरा कोई उसकी शांति भंग करता है।
- आओ हम नाम, यश और दूसरों पर शासन करने की इच्छा से रहित होकर काम करें। काम, क्रोध एवं लोभ—इस त्रिविध बंधन से हम मुक्त हो जाएँ और फिर सत्य हमारे साथ रहेगा।
- आओ, मनुष्य बनो। कूपमंडूकता छोड़ो और बाहर दृष्टि डालो। देखो, अन्य देश किस तरह आगे बढ़ रहे हैं। क्या तुम्हें मनुष्य से प्रेम है? यदि 'हाँ' तो आओ, हम लोग उच्चता और उन्नति के मार्ग में प्रयत्नशील हों। पीछे मुड़कर मत देखो; अत्यंत निकट और प्रिय संबंधी रोते हों, तो रोने दो, पीछे देखो ही मत। केवल आगे बढ़ते जाओ। भारतमाता कम-से-कम एक हजार युवकों का बलिदान चाहती है—मस्तिष्कवाले युवकों का, पशुओं का नहीं। परमात्मा ने तुम्हारी इस निश्चेष्ट सभ्यता को तोड़ने के लिए ही अंग्रेजी राज्य को भारत में भेजा है।

*आओ, मनुष्य बनो। कूपमंडूकता छोड़ो और बाहर दृष्टि डालो। देखो, अन्य देश किस तरह आगे बढ़ रहे हैं। क्या तुम्हें मनुष्य से प्रेम है? यदि 'हाँ' तो आओ, हम लोग उच्चता और उन्नति के मार्ग में प्रयत्नशील हों। पीछे मुड़कर मत देखो; अत्यंत निकट और प्रिय संबंधी रोते हों, तो रोने दो, पीछे देखो ही मत। केवल आगे बढ़ते जाओ।*

- आध्यात्मिक दृष्टि से विकसित हो चुकने पर धर्मसंघ में बना रहना अवांछनीय है। उससे बाहर निकलकर स्वाधीनता की मुक्त वायु में जीवन व्यतीत करो।
- इस तरह का दिन क्या कभी होगा कि परोपकार के लिए जान जाएगी? दुनिया बच्चों का खिलवाड़ नहीं है—बड़े आदमी वो हैं, जो अपने हृदय-रुधिर से दूसरों का रास्ता तैयार करते हैं—यही सदा से होता आया है—एक आदमी अपना शरीर-पात करके सेतु निर्माण करता है और हजारों आदमी उसके ऊपर से नदी पार करते हैं। एवमस्तु एवमस्तु, शिवोहम् शिवोहम् (ऐसा ही हो, ऐसा ही हो—मैं ही शिव हूँ, मैं ही शिव हूँ।)
- ईर्ष्या तथा अहंकार को दूर कर दो—संगठित होकर दूसरों के लिए कार्य करना सीखो।
- ईश्वर ही ईश्वर की उपलब्धि कर सकता है। सभी जीवंत ईश्वर हैं, इस भाव से सबको देखो। मनुष्य का अध्ययन करो, मनुष्य ही जीवंत काव्य है। जगत् में जितने ईसा या बुद्ध हुए हैं, सभी हमारी ज्योति से ज्योतिष्मान हैं। इस ज्योति को छोड़ देने पर ये सब हमारे लिए और अधिक जीवित नहीं रह सकेंगे, मर जाएँगे। तुम अपनी आत्मा के ऊपर स्थिर रहो।

***एक महान् रहस्य का मैंने पता लगा लिया है—वह यह कि केवल धर्म की बातें करनेवालों से मुझे कुछ भय नहीं है। और जो सत्यदृष्टा महात्मा हैं, वे कभी किसी से बैर नहीं करते। वाचालों को वाचाल होने दो! वे इससे अधिक और कुछ नहीं जानते!***

- उठो, जागो और तब तक रुको नहीं, जब तक लक्ष्य प्राप्त न हो जाए।
- एक महान् रहस्य का मैंने पता लगा लिया है—वह यह कि केवल धर्म की बातें करनेवालों से मुझे कुछ भय नहीं है। और जो सत्यदृष्टा महात्मा हैं, वे कभी किसी से बैर नहीं करते। वाचालों को वाचाल होने दो! वे इससे अधिक और कुछ नहीं जानते! उन्हें नाम, यश, धन, स्त्री से संतोष प्राप्त करने दो। और हम धर्मोपलब्धि, ब्रह्मलाभ एवं ब्रह्म होने के लिए ही दृढ़व्रत होंगे। हम आमरण एवं जन्म-जन्मांतर में

सत्य का ही अनुसरण करेंगे। दूसरों के कहने पर हम तनिक भी ध्यान न दें और यदि आजन्म यत्न के बाद एक, केवल एक ही आत्मा संसार के बंधनों को तोड़कर मुक्त हो सके तो हमने अपना काम कर लिया।

- एक ही आदमी मेरा अनुसरण करे, किंतु उसे मृत्युपर्यंत सत्य और विश्वासी होना होगा। मैं सफलता और असफलता की चिंता नहीं करता। मैं अपने आंदोलन को पवित्र रखूँगा, भले ही मेरे साथ कोई न हो। कपटी कार्यों से सामना पड़ने पर मेरा धैर्य समाप्त हो जाता है। यही संसार है कि जिन्हें तुम सबसे अधिक प्यार और सहायता करो, वे ही तुम्हें धोखा देंगे।
- एकाग्रता सीखो, और जिस ओर इच्छा हो, उसका प्रयोग करो। ऐसा करने पर तुम्हें कुछ खोना नहीं पड़ेगा। जो समस्त को प्राप्त करता है, वह अंश को भी प्राप्त कर सकता है।

***एकाग्रता सीखो, और जिस ओर इच्छा हो, उसका प्रयोग करो। ऐसा करने पर तुम्हें कुछ खोना नहीं पड़ेगा। जो समस्त को प्राप्त करता है, वह अंश को भी प्राप्त कर सकता है।***

- किसी को उसकी योजनाओं में हतोत्साह नहीं करना चाहिए। आलोचना की प्रवृत्ति का पूर्णतः परित्याग कर दो। जब तक वे सही मार्ग पर अग्रसर हो रहे हैं; तब तक उनके कार्य में सहायता करो; और जब कभी तुमको उनके कार्य में कोई गलती नजर आए, तो नम्रतापूर्वक गलती के प्रति उनको सजग कर दो। एक-दूसरे की आलोचना ही सब दोषों की जड़ है। किसी भी संगठन को विनष्ट करने में इसका बहुत बड़ा हाथ है।
- किसी बात से तुम उत्साहहीन न होओ; जब तक ईश्वर की कृपा हमारे ऊपर है, कौन इस पृथ्वी पर हमारी उपेक्षा कर सकता है? यदि तुम अपनी अंतिम साँस भी ले रहे हो तो भी न डरना। सिंह की शूरता और पुष्प की कोमलता के साथ काम करते रहो।

- कुछ लोग ऐसे हैं, जो कि दूसरों की त्रुटियों को देखने के लिए तैयार बैठे हैं, किंतु कार्य करने के समय उनका पता नहीं चलता है। जुट जाओ, अपनी शक्ति के अनुसार आगे बढ़ो। डर किस बात का है? 'नहीं है, नहीं है' कहने से साँप का विष भी नहीं रहता है। 'नहीं-नहीं' कहने से तो 'नहीं' हो जाना पड़ेगा। खूब शाबाश! छान डालो—सारी दुनिया को छान डालो! अफसोस इस बात का है कि यदि मुझ जैसे दो-चार व्यक्ति भी तुम्हारे साथी होते तमाम संसार हिल उठता। क्या करूँ धीरे-धीरे अग्रसर होना पड़ रहा है। तूफान मचा दो, तूफान!
- क्या तुम नहीं अनुभव करते कि दूसरों के ऊपर निर्भर रहना बुद्धिमानी नहीं है। बुद्धिमान व्यक्ति को अपने ही पैरों पर दृढ़तापूर्वक खड़ा होकर कार्य करना चहिए। धीरे-धीरे सबकुछ ठीक हो जाएगा।
- क्या संस्कृत पढ़ रहे हो? कितनी प्रगति हुई है? आशा है कि प्रथम भाग तो अवश्य ही समाप्त कर चुके होगे। विशेष परिश्रम के साथ संस्कृत सीखो।
- गंभीरता के साथ शिशु-सरलता को मिलाओ। सबके साथ मेल से रहो। अहंकार के सब भाव छोड़ दो और सांप्रदायिक विचारों को मन में न लाओ। व्यर्थ विवाद महापाप है।
- जब कभी मैं किसी व्यक्ति को उस उपदेशवाणी (श्रीरामकृष्ण की वाणी) के बीच पूर्ण रूप से निमग्न पाता हूँ, जो भविष्य में संसार में शांति की वर्षा करनेवाली है तो मेरा हृदय आनंद से उछलने लगता है। ऐसे समय मैं पागल नहीं हो जाता हूँ, यही आश्चर्य की बात है।

***जब कभी मैं किसी व्यक्ति को उस उपदेशवाणी ( श्रीरामकृष्ण की वाणी ) के बीच पूर्ण रूप से निमग्न पाता हूँ, जो भविष्य में संसार में शांति की वर्षा करनेवाली है तो मेरा हृदय आनंद से उछलने लगता है। ऐसे समय मैं पागल नहीं हो जाता हूँ, यही आश्चर्य की बात है।***

- जब तक जीना, तब तक सीखना—अनुभव ही जगत् में सर्वश्रेष्ठ शिक्षक है।

- जिस तरह हो, इसके लिए हमें चाहे जितना कष्ट उठाना पड़े—चाहे कितना ही त्याग करना पड़े—यह भाव (भयानक ईर्ष्या) हमारे भीतर न घुसने पाए—हम दस ही क्यों न हों—दो क्यों न रहें—परवाह नहीं, परंतु जितने हों, संपूर्ण शुद्धचरित्र हों।
- जिस प्रकार स्वर्ग में, उसी प्रकार इस नश्वर जगत् में भी तुम्हारी इच्छा पूर्ण हो, क्योंकि अनंत काल के लिए जगत् में तुम्हारी ही महिमा घोषित हो रही है एवं सबकुछ तुम्हारा ही राज्य है।
- जो केवल 'प्रभु-प्रभु' की रट लगाता है, वह नहीं, किंतु जो उस परमपिता की इच्छानुसार कार्य करता है, वही धार्मिक है।
- जो पवित्र तथा साहसी है, वही जगत् में सबकुछ कर सकता है। माया-मोह से प्रभु सदा तुम्हारी रक्षा करें। मैं तुम्हारे साथ काम करने के लिए सदैव प्रस्तुत हूँ एवं हम लोग यदि स्वयं अपने मित्र रहें तो प्रभु भी हमारे लिए सैकड़ों मित्र भेजेंगे, आत्मैव ह्यात्मनो बंधुः।

*जो पवित्र तथा साहसी है, वही जगत् में सबकुछ कर सकता है। माया-मोह से प्रभु सदा तुम्हारी रक्षा करें। मैं तुम्हारे साथ काम करने के लिए सदैव प्रस्तुत हूँ एवं हम लोग यदि स्वयं अपने मित्र रहें तो प्रभु भी हमारे लिए सैकड़ों मित्र भेजेंगे, आत्मैव ह्यात्मनो बंधुः।*

- जो मनुष्य इसी जन्म में मुक्ति प्राप्त करना चाहता है, उसे एक ही जन्म में हजारों वर्ष का काम करना पड़ेगा। वह जिस युग में जनमा है, उससे उसे बहुत आगे जाना पड़ेगा, किंतु साधारण लोग किसी तरह रेंगते-रेंगते ही आगे बढ़ सकते हैं।
- जो महापुरुष प्रचार-कार्य के लिए अपना जीवन समर्पित कर देते हैं, वे उन महापुरुषों की तुलना में अपेक्षाकृत अपूर्ण हैं, जो मौन रहकर पवित्र जीवनयापन करते हैं और श्रेष्ठ विचारों का चिंतन करते हुए जगत् की सहायता करते हैं। इन सभी महापुरुषों में एक के बाद दूसरे का आविर्भाव होता है; अंत में उनकी शक्ति के चरम फलस्वरूप ऐसा

कोई शक्तिसंपन्न पुरुष आविर्भूत होता है, जो जगत् को शिक्षा प्रदान करता है।

- जो सत्य है, उसे साहसपूर्वक निर्भीक होकर लोगों से कहो। उससे किसी को कष्ट होता है या नहीं, इस ओर ध्यान मत दो। दुर्बलता को कभी प्रश्रय मत दो। सत्य की ज्योति 'बुद्धिमान' मनुष्यों के लिए यदि अत्यधिक मात्रा में प्रखर प्रतीत होती है और उन्हें बहा ले जाती है तो ले जाने दो, वे जितना शीघ्र बह जाएँ, उतना ही अच्छा है।
- जो सबका दास होता है, वही उनका सच्चा स्वामी होता है। जिसके प्रेम में ऊँच-नीच का विचार होता है, वह कभी नेता नहीं बन सकता। जिसके प्रेम का कोई अंत नहीं है, जो ऊँच-नीच सोचने के लिए कभी नहीं रुकता, उसके चरणों में सारा संसार लोट जाता है।
- ज्ञान स्वयमेव वर्तमान है, मनुष्य केवल उसका आविष्कार करता है।
- तुम अपनी अंतस्थ आत्मा को छोड़ किसी और के सामने सिर मत झुकाओ। जब तक तुम यह अनुभव नहीं करते कि तुम स्वयं देवों के देव हो, तब तक तुम मुक्त नहीं हो सकते।
- तुमने बहुत बहादुरी की है। शाबाश! हिचकनेवाले पीछे रह जाएँगे और तुम कूदकर सबके आगे पहुँच जाओगे। जो अपने उद्धार में लगे हुए हैं, वे न तो अपना उद्धार ही कर सकेंगे और न दूसरों का। ऐसा शोरगुल मचाओ कि उसकी आवाज दुनिया के कोने-कोने में फैल जाए।

*तुमने बहुत बहादुरी की है। शाबाश! हिचकनेवाले पीछे रह जाएँगे और तुम कूदकर सबके आगे पहुँच जाओगे। जो अपने उद्धार में लगे हुए हैं, वे न तो अपना उद्धार ही कर सकेंगे और न दूसरों का। ऐसा शोरगुल मचाओ कि उसकी आवाज दुनिया के कोने-कोने में फैल जाए।*

- धीरज रखो और मृत्युपर्यंत विश्वासपात्र रहो। आपस में न लड़ो! रुपए-पैसे के व्यवहार में शुद्ध भाव रखो। हम अभी महान् कार्य करेंगे। जब तक तुममें ईमानदारी, भक्ति और विश्वास है, तब तक प्रत्येक कार्य में तुम्हें सफलता मिलेगी।

- न टालो, न ढूँढ़ो—परमेश्वर अपनी इच्छानुसार जो कुछ भेजे, उसके लिए प्रतीक्षा करते रहो, यही मेरा मूलमंत्र है।
- न संख्या-शक्ति, न धन, न पांडित्य, न वाक्चातुर्य, कुछ भी नहीं, बल्कि पवित्रता, शुद्ध जीवन, एक शब्द में अनुभूति, आत्मसाक्षात्कार को विजय मिलेगी! प्रत्येक देश में सिंह जैसी शक्तिमान दस-बारह आत्माएँ होने दो, जिन्होंने अपने बंधन तोड़ डाले हैं, जिन्होंने अनंत का स्पर्श कर लिया है, जिनका चित्त ब्रह्मानुसंधान में लीन है, जो न धन की चिंता करते हैं, न बल की, न नाम की और ये व्यक्ति ही संसार को हिला डालने के लिए पर्याप्त होंगे।
- नीतिपरायण तथा साहसी बनो, अंतःकरण पूर्णतया शुद्ध रहना चाहिए। पूर्ण नीतिपरायण तथा साहसी बनो—प्राणों के लिए भी कभी न डरो। कायर लोग ही पापाचरण करते हैं, वीर पुरुष कभी भी पापानुष्ठान नहीं करते—यहाँ तक कि कभी वे मन में भी पाप का विचार नहीं लाते।

*नीतिपरायण तथा साहसी बनो, अंतःकरण पूर्णतया शुद्ध रहना चाहिए। पूर्ण नीतिपरायण तथा साहसी बनो—प्राणों के लिए भी कभी न डरो। कायर लोग ही पापाचरण करते हैं, वीर पुरुष कभी भी पापानुष्ठान नहीं करते—यहाँ तक कि कभी वे मन में भी पाप का विचार नहीं लाते।*

- पक्षपात ही सब अनर्थों का मूल है, यह न भूलना। अर्थात् यदि तुम किसी के प्रति अन्य की अपेक्षा अधिक प्रीति-प्रदर्शन करते हो, तो याद रखो, उसी से भविष्य में कलह का बीजारोपण होगा।
- पवित्रता, दृढ़ता तथा उद्यम—ये तीनों गुण मैं एक साथ चाहता हूँ।
- पवित्रता, धैर्य तथा प्रयत्न द्वारा सारी बाधाएँ दूर हो जाती हैं। इसमें कोई संदेह नहीं कि महान् कार्य सभी धीरे-धीरे होते हैं।
- पहले स्वयं संपूर्ण मुक्तावस्था प्राप्त कर लो, उसके बाद इच्छा करने पर फिर अपने को सीमाबद्ध कर सकते हो। प्रत्येक कार्य में अपनी समस्त शक्ति का प्रयोग करो।

- पूर्णतः निस्स्वार्थ रहो, स्थिर रहो और काम करो। एक बात और है—सबके सेवक बनो और दूसरों पर शासन करने का तनिक भी यत्न न करो, क्योंकि इससे ईर्ष्या उत्पन्न होगी और इससे हर चीज बरबाद हो जाएगी। आगे बढ़ो, तुमने बहुत अच्छा काम किया है। हम अपने भीतर से ही सहायता लेंगे, अन्य सहायता के लिए हम प्रतीक्षा नहीं करते। मेरे बच्चे, आत्मविश्वास रखो, सच्चे और सहनशील बनो।
- प्राणिमात्र से प्रेम करने का प्रयास करो। बच्चो, तुम्हारे लिए नीतिपरायणता तथा साहस को छोड़कर और कोई दूसरा धर्म नहीं। इसके सिवाय और कोई धार्मिक मत-मतांतर तुम्हारे लिए नहीं है। कायरता, पाप, असदाचरण तथा दुर्बलता तुममें एकदम नहीं रहनी चाहिए, बाकी आवश्यक वस्तुएँ अपने आप आकर उपस्थित होंगी।
- प्रायः देखने में आता है कि अच्छे-से-अच्छे लोगों पर कष्ट और कठिनाइयाँ आ पड़ती हैं। इसका समाधान न भी हो सके, फिर भी मुझे जीवन में ऐसा अनुभव हुआ है कि जगत् में कोई ऐसी वस्तु नहीं, जो मूल रूप में भली न हो। ऊपरी लहरें चाहे जैसी हों, परंतु वस्तु मात्र के अंतरकाल में प्रेम एवं कल्याण का अनंत भंडार है। जब तक हम उस अंतराल तक नहीं पहुँचते, तभी तक हमें कष्ट मिलता है। एक बार उस शांति-मंडल में प्रवेश करने पर फिर चाहे आँधी और तूफान के जितने तुमुल झकोरे आएँ, वह मकान, जो सदियों की पुरानी चट्टान पर बना है, हिल नहीं सकता।

***प्राणिमात्र से प्रेम करने का प्रयास करो। बच्चो, तुम्हारे लिए नीतिपरायणता तथा साहस को छोड़कर और कोई दूसरा धर्म नहीं। इसके सिवाय और कोई धार्मिक मत-मतांतर तुम्हारे लिए नहीं है। कायरता, पाप, असदाचरण तथा दुर्बलता***

- बच्चे, जब तक तुम्हारे हृदय में उत्साह एवं गुरु तथा ईश्वर में विश्वास—ये तीनों वस्तुएँ रहेंगी—तब तक तुम्हें कोई भी दबा नहीं सकता। मैं दिनोदिन अपने हृदय में शक्ति के विकास का अनुभव कर रहा हूँ। हे साहसी बालको, कार्य करते रहो।

- बच्चो, जब तक तुम लोगों को परमेश्वर तथा गुरु में, भक्ति तथा सत्य में विश्वास रहेगा, तब तक कोई भी तुम्हें नुकसान नहीं पहुँचा सकता। किंतु इनमें से एक के भी नष्ट हो जाने पर परिणाम विपत्तिजनक है।
- बच्चो, धर्म का रहस्य आचरण से जाना जा सकता है, व्यर्थ के मतवादों से नहीं। सच्चा बनना तथा सच्चा बरताव करना, इसमें ही समग्र धर्म निहित है।
- बड़े-बड़े दिग्गज बह जाएँगे, छोटे-मोटे की तो बात ही क्या है! तुम लोग कमर कसकर कार्य में जुट जाओ, हुंकार मात्र से हम दुनिया को पलट देंगे। अभी तो केवल मात्र प्रारंभ ही है। किसी के साथ विवाद न कर हिल-मिलकर अग्रसर हों—यह दुनिया भयानक है, किसी पर विश्वास नहीं है। डरने का कोई कारण नहीं है, माँ मेरे साथ हैं—इस बार ऐसे कार्य होंगे कि तुम चकित हो जाओगे। भय किस बात का? किसका भय? वज्र जैसा हृदय बनाकर कार्य में जुट जाओ।
- बालको, दृढ़ बने रहो, मेरी संतानों में से कोई भी कायर न बने। तुम लोगों में जो सबसे अधिक साहसी है—सदा उसी का साथ करो। बिना विघ्न-बाधाओं के क्या कभी कोई महान् कार्य हो सकता है? समय, धैर्य तथा अदम्य इच्छाशक्ति से ही कार्य हुआ करता है। मैं तुम लोगों को ऐसी बहुत सी बातें बतलाता, जिससे तुम्हारे हृदय उछल पड़ते, किंतु मैं ऐसा नहीं करूँगा। मैं तो लोहे के सदृश दृढ़ इच्छाशक्ति संपन्न हृदय चाहता हूँ, जो कभी कंपित न हो। दृढ़ता के साथ लगे रहो, प्रभु तुम्हें आशीर्वाद दें।

***बालको, दृढ़ बने रहो, मेरी संतानों में से कोई भी कायर न बने। तुम लोगों में जो सबसे अधिक साहसी है—सदा उसी का साथ करो। बिना विघ्न-बाधाओं के क्या कभी कोई महान् कार्य हो सकता है? समय, धैर्य तथा अदम्य इच्छाशक्ति से ही कार्य हुआ करता है। मैं तुम लोगों को ऐसी बहुत सी बातें बतलाता, जिससे तुम्हारे हृदय उछल पड़ते, किंतु मैं ऐसा नहीं करूँगा।***

- बिना पाखंडी और कायर बने सबको प्रसन्न रखो। पवित्रता और शक्ति के साथ अपने आदर्श पर दृढ़ रहो और फिर तुम्हारे सामने कैसी भी बाधाएँ क्यों न हों, कुछ समय बाद संसार तुमको मानेगा ही।
- भाग्य—बहादुर और कर्मठ व्यक्ति का ही साथ देता है। पीछे मुड़कर मत देखो; आगे अपार शक्ति, अपरिमित उत्साह, अमित साहस और निस्सीम धैर्य की आवश्यकता है—और तभी महत् कार्य निष्पन्न किए जा सकते हैं। हमें पूरे विश्व को उद्दीप्त करना है।
- मन और मुँह को एक करके भावों को जीवन में कार्यान्वित करना होगा। इसी को श्रीरामकृष्ण कहा करते थे, "भाव के घर में किसी प्रकार की चोरी न होने पाए।" सब विषयों में व्यावहारिक बनना होगा। लोगों या समाज की बातों पर ध्यान न देकर वे एकाग्र मन से अपना कार्य करते रहेंगे। क्या तुमने नहीं सुना, कबीरदास के दोहे में—"हाथी चले बाजार में, कुत्ता भौंके हजार, साधुन को दुर्भाव नहिं, जो निंदे संसार" ऐसे ही चलना है। दुनिया के लोगों की बातों पर ध्यान नहीं देना होगा। उनकी भली-बुरी बातों को सुनने से जीवन भर कोई किसी प्रकार का महत् कार्य नहीं कर सकता।

*मन और मुँह को एक करके भावों को जीवन में कार्यान्वित करना होगा। इसी को श्रीरामकृष्ण कहा करते थे, "भाव के घर में किसी प्रकार की चोरी न होने पाए।" सब विषयों में व्यावहारिक बनना होगा। लोगों या समाज की बातों पर ध्यान न देकर वे एकाग्र मन से अपना कार्य करते रहेंगे।*

- मन का विकास करो और उसका संयमन करो, उसके बाद जहाँ इच्छा हो, वहाँ इसका प्रयोग करो—उससे अतिशीघ्र फल-प्राप्ति होगी। यह है यथार्थ आत्मोन्नति का उपाय।
- महाशक्ति का तुममें संचार होगा—कदापि भयभीत मत होना। पवित्र होओ, विश्वासी होओ और आज्ञापालक होओ।
- मानव-देह ही सर्वश्रेष्ठ देह है एवं मनुष्य ही सर्वोच्च प्राणी है, क्योंकि इस मानव-देह तथा इस जन्म में ही हम इस सापेक्षिक जगत् से

संपूर्णतया बाहर हो सकते हैं—निश्चय ही मुक्ति की अवस्था प्राप्त कर सकते हैं, और यह मुक्ति ही हमारा चरम लक्ष्य है।

- मुक्ति-लाभ के अतिरिक्त और कौन सी उच्चावस्था का लाभ किया जा सकता है? देवदूत कभी कोई बुरे कार्य नहीं करते, इसलिए उन्हें कभी दंड भी प्राप्त नहीं होता, अतएव वे मुक्त भी नहीं हो सकते। सांसारिक धक्का ही हमें जगा देता है, वही इस जगत्स्वप्न को भंग करने में सहायता पहुँचाता है। इस प्रकार के लगातार आघात ही इस संसार से छुटकारा पाने की, अर्थात् मुक्ति-लाभ करने की हमारी आकांक्षा को जाग्रत् करते हैं।
- मेरा आदर्श अवश्य ही थोड़े से शब्दों में कहा जा सकता है—मनुष्य जाति को उसके दिव्य स्वरूप का उपदेश देना तथा जीवन के प्रत्येक क्षेत्र में उसे अभिव्यक्त करने का उपाय बताना।
- मेरी केवल यह इच्छा है कि प्रतिवर्ष यथेष्ठ संख्या में हमारे नवयुवकों को चीन-जापान में आना चाहिए। जापानी लोगों के लिए आज भारतवर्ष उच्च और श्रेष्ठ वस्तुओं का स्वप्नराज्य है। और तुम लोग क्या कर रहे हो? जीवन भर केवल बेकार बातें किया करते हो, व्यर्थ बकवास करनेवालो, तुम लोग क्या हो? आओ, इन लोगों को देखो और उसके बाद जाकर लज्जा से मुँह छिपा लो। सठियाई बुद्धिवालो, तुम्हारी तो देश से बाहर निकलते ही जाति चली जाएगी! अपनी खोपड़ी में वर्षों के अंधविश्वास का निरंतर वृद्धिगत कूड़ा-करकट भरे बैठे, सैकड़ों वर्षों से केवल आहार की छुआछूत के विवाद में ही अपनी सारी शक्ति नष्ट करनेवाले, युगों के सामाजिक अत्याचार से अपनी सारी मानवता का गला

*मुक्ति-लाभ के अतिरिक्त और कौन सी उच्चावस्था का लाभ किया जा सकता है? देवदूत कभी कोई बुरे कार्य नहीं करते, इसलिए उन्हें कभी दंड भी प्राप्त नहीं होता, अतएव वे मुक्त भी नहीं हो सकते। सांसारिक धक्का ही हमें जगा देता है, वही इस जगत्स्वप्न को भंग करने में सहायता पहुँचाता है।*

घोटनेवाले, भला बताओ तो सही, तुम कौन हो? और तुम इस समय कर ही क्या रहे हो? किताबें हाथ में लिये तुम केवल समुद्र के किनारे फिर रहे हो। तीस रुपये की मुंशीगीरी के लिए अथवा बहुत हुआ, तो एक वकील बनने के लिए जी-जान से तड़प रहे हो—यही तो भारतवर्ष के नवयुवकों की सबसे बड़ी महत्त्वाकांक्षा है। तिस पर इन विद्यार्थियों के भी झुंड-के-झुंड बच्चे पैदा हो जाते हैं, जो भूख से तड़पते हुए उन्हें घेरकर 'रोटी दो, रोटी दो' चिल्लाते रहते हैं। क्या समुद्र में इतना पानी भी न रहा कि तुम उसमें विश्वविद्यालय के डिप्लोमा, गाउन और पुस्तकों के समेत डूब मरो? आओ, मनुष्य बनो! उन पाखंडी पुरोहितों को, जो सदैव उन्नति के मार्ग में बाधक होते हैं, ठोकरें मारकर निकाल दो, क्योंकि उनका सुधार कभी न होगा, उनके हृदय कभी विशाल न होंगे। उनकी उत्पत्ति तो सैकड़ों वर्षों के अंधविश्वासों और अत्याचारों के फलस्वरूप हुई है। पहले पुरोहिती पाखंड को जड़-मूल से निकाल फेंको।

***मेरी दृढ़ धारणा है कि तुममें अंधविश्वास नहीं है। तुममें वह शक्ति विद्यमान है, जो संसार को हिला सकती है, धीरे-धीरे और भी अन्य लोग आएँगे। 'साहसी' शब्द और उससे अधिक 'साहसी' कर्मों की हमें आवश्यकता है।***

- मेरी दृढ़ धारणा है कि तुममें अंधविश्वास नहीं है। तुममें वह शक्ति विद्यमान है, जो संसार को हिला सकती है, धीरे-धीरे और भी अन्य लोग आएँगे। 'साहसी' शब्द और उससे अधिक 'साहसी' कर्मों की हमें आवश्यकता है। उठो! उठो! संसार दुःख से जल रहा है। क्या तुम सो सकते हो? हम बार-बार पुकारें, जब तक सोते हुए देवता न जाग उठें, जब तक अंतर्यामी देव उस पुकार का उत्तर न दें। जीवन में और क्या है? इससे महान् कर्म क्या है?
- मैं चाहता हूँ कि मेरे सब बच्चे, मैं जितना उन्नत बन सकता था, उससे सौगुना उन्नत बनें। तुम लोगों में से प्रत्येक को महान् शक्तिशाली बनना होगा—मैं कहता हूँ, अवश्य बनना होगा। आज्ञा-पालन, ध्येय के प्रति अनुराग तथा ध्येय को कार्यरूप में परिणत करने के लिए सदा प्रस्तुत

रहना—इन तीनों के रहने पर कोई भी तुम्हें अपने मार्ग से विचलित नहीं कर सकता।

- यदि कभी-कभी तुमको संसार का थोड़ा-बहुत धक्का भी खाना पड़े, तो उससे विचलित न होना, मुहूर्त भर में वह दूर हो जाएगा तथा सारी स्थिति पुनः ठीक हो जाएगी।
- यदि कोई तुम्हारे समीप अन्य किसी साथी की निंदा करना चाहे, तो तुम उस ओर बिल्कुल ध्यान न दो। इन बातों को सुनना भी महान् पाप है, उससे भविष्य में विवाद का सूत्रपात होगा।
- यदि कोई हरिजन हमारे पास हरिजन के रूप में आता है तो छुतही बीमारी की तरह हम उसके स्पर्श से दूर भागते हैं। परंतु जब उसके सिर पर एक कटोरा पानी डालकर कोई पादरी प्रार्थना के रूप में कुछ गुनगुना देता है और जब उसे पहनने को एक कोट मिल जाता है—वह कितना ही फटा-पुराना क्यों न हो—तब चाहे वह किसी कट्टर-से-कट्टर हिंदू के कमरे के भीतर पहुँच जाए, उसके लिए कहीं रोक-टोक नहीं, ऐसा कोई नहीं, जो उससे सप्रेम हाथ मिलाकर बैठने के लिए उसे कुरसी न दे! इससे अधिक विडंबना की बात क्या हो सकती है? आइए, देखिए तो सही, दक्षिण भारत में पादरी लोग क्या गजब कर रहे हैं। ये लोग निम्न जाति के लोगों को लाखों की संख्या में ईसाई बना रहे हैं। वहाँ लगभग चौथाई जनसंख्या ईसाई हो गई है! मैं उन बेचारों को क्यों दोष दूँ? हे परमेश्वर, कब एक मनुष्य दूसरे से भाईचारे का बरताव करना सीखेगा।

*आइए, देखिए तो सही, दक्षिण भारत में पादरी लोग क्या गजब कर रहे हैं। ये लोग निम्न जाति के लोगों को लाखों की संख्या में ईसाई बना रहे हैं। वहाँ लगभग चौथाई जनसंख्या ईसाई हो गई है! मैं उन बेचारों को क्यों दोष दूँ? हे परमेश्वर, कब एक मनुष्य दूसरे से भाईचारे का बरताव करना सीखेगा।*

- यदि तुम स्वयं ही नेता के रूप में खड़े हो जाओगे, तो तुम्हे सहायता देने के लिए कोई भी आगे न बढ़ेगा। यदि सफल होना चाहते हो, तो पहले 'अहं' का ही नाश कर डालो।
- यही दुनिया है! यदि तुम किसी का उपकार करो, तो लोग उसे कोई महत्त्व नहीं देंगे, किंतु ज्यों ही तुम उस कार्य को बंद कर दोगे, वे तुरंत (ईश्वर न करे) तुम्हें बदमाश प्रमाणित करने में नहीं हिचकिचाएँगे। मेरे जैसे भावुक व्यक्ति अपने सगे-स्नेहियों द्वरा सदा ठगे जाते हैं।
- यही रहस्य है। योग प्रवर्तक पंतजलि कहते हैं, "जब मनुष्य समस्त अलौकिक दैवी शक्तियों के लोभ का त्याग करता है, तभी उसे 'धर्ममेध' नामक समाधि प्राप्त होती है। वह परमात्मा का दर्शन करता है, वह परमात्मा बन जाता है और दूसरों को तदरूप बनने में सहायता करता है। मुझे इसी का प्रचार करना है। जगत् में अनेक मतवादों का प्रचार हो चुका है। लाखों पुस्तकें हैं, परंतु हाय! कोई भी किंचित् अंश में प्रत्यक्ष आचरण नहीं करता।"
- लोग तुम्हारी स्तुति करें या निंदा, लक्ष्मी तुम्हारे ऊपर कृपालु हो या न हो, तुम्हारा देहांत आज हो या एक युग में, तुम न्यायपथ से कभी भ्रष्ट न हो।

***वत्स, धीरज रखो, काम तुम्हारी आशा से बहुत ज्यादा बढ़ जाएगा। हर एक काम में सफलता प्राप्त करने से पहले सैकड़ों कठिनाइयों का सामना करना पड़ता है। जो उद्यम करते रहेंगे, वे आज या कल सफलता को देखेंगे। परिश्रम करना है वत्स, कठिन परिश्रम!***

- वत्स, धीरज रखो, काम तुम्हारी आशा से बहुत ज्यादा बढ़ जाएगा। हर एक काम में सफलता प्राप्त करने से पहले सैकड़ों कठिनाइयों का सामना करना पड़ता है। जो उद्यम करते रहेंगे, वे आज या कल सफलता को देखेंगे। परिश्रम करना है वत्स, कठिन परिश्रम! काम-कांचन के इस चक्कर में अपने आप को स्थिर रखना, और अपने आदर्शों पर जमे रहना, जब तक कि आत्मज्ञान और पूर्ण त्याग के साँचे में शिष्य

न ढल जाए, निश्चय ही कठिन काम है। जो प्रतीक्षा करता है, उसे सब चीजें मिलती हैं। अनंत काल तक तुम भाग्यवान बने रहो।

- वीरता से आगे बढ़ो। एक दिन या एक साल में सिद्धि की आशा न रखो। उच्चतम आदर्श पर दृढ़ रहो। स्थिर रहो। स्वार्थपरता और ईर्ष्या से बचो। आज्ञा-पालन करो। सत्य, मनुष्य जाति और अपने देश के पक्ष पर सदा के लिए अटल रहो, और तुम संसार को हिला दोगे। याद रखो—व्यक्ति और उसका जीवन ही शक्ति का स्रोत है, इसके सिवाय अन्य कुछ भी नहीं।
- शक्ति और विश्वास के साथ लगे रहो। सत्यनिष्ठ, पवित्र और निर्मल रहो तथा आपस में न लड़ो। हमारी जाति का रोग ईर्ष्या ही है।
- शक्तिमान, उठो तथा सामर्थ्यशाली बनो। कर्म, निरंतर कर्म; संघर्ष, निरंतर संघर्ष! अलमिति। पवित्र और निस्स्वार्थी बनने की कोशिश करो—सारा धर्म इसी में है।
- शत्रु को पराजित करने के लिए ढाल तथा तलवार की आवश्यकता होती है। इसलिए अंग्रेजी और संस्कृत का अध्ययन मन लगाकर करो।
- संन्यास का अर्थ है, मृत्यु के प्रति प्रेम। सांसारिक लोग जीवन से प्रेम करते हैं, परंतु संन्यासी के लिए प्रेम करने को मृत्यु है। लेकिन इसका मतलब यह नहीं है कि हम आत्महत्या कर लें। आत्महत्या करनेवालों को तो कभी मृत्यु प्यारी नहीं होती है। संन्यासी का धर्म है समस्त संसार के हित के लिए निरंतर आत्मत्याग करते हुए धीरे-धीरे मृत्यु को प्राप्त हो जाना।

*संन्यास का अर्थ है, मृत्यु के प्रति प्रेम। सांसारिक लोग जीवन से प्रेम करते हैं, परंतु संन्यासी के लिए प्रेम करने को मृत्यु है। लेकिन इसका मतलब यह नहीं है कि हम आत्महत्या कर लें। आत्महत्या करनेवालों को तो कभी मृत्यु प्यारी नहीं होती है। संन्यासी का धर्म है समस्त संसार के हित के लिए निरंतर आत्मत्याग करते हुए धीरे-धीरे मृत्यु को प्राप्त हो जाना।*

- सभी मरेंगे—साधु या असाधु, धनी या दरिद्र—सभी मरेंगे। चिरकाल तक किसी का शरीर नहीं रहेगा। अतएव उठो, जागो और संपूर्ण रूप से निष्कपट हो जाओ। भारत में घोर कपट समा गया है। चाहिए चरित्र, चाहिए इस तरह की दृढ़ता और चरित्र का बल, जिससे मनुष्य आजीवन दृढ़व्रत बन सके।
- सावधान रहना, दूसरे के अत्यंत छोटे अधिकार में भी हस्तक्षेप न करना—इसी भँवर में बड़े-बड़े जहाज डूब जाते हैं। पूरी भक्ति, परंतु कट्टरता छोड़कर, दिखानी होगी, याद रखना, उनकी कृपा से सब ठीक हो जाएगा।
- साहसी होकर काम करो। धीरज और स्थिरता से काम करना—यही एक मार्ग है। आगे बढ़ो और याद रखो—धीरज, साहस, पवित्रता और अनवरत कर्म। जब तक तुम पवित्र होकर अपने उद्‌देश्य पर डटे रहोगे, तब तक तुम कभी निष्फल नहीं होओगे—माँ तुम्हें कभी न छोड़ेगी और पूर्ण आशीर्वाद के तुम पात्र हो जाओगे।

> ***साहसी होकर काम करो। धीरज और स्थिरता से काम करना—यही एक मार्ग है। आगे बढ़ो और याद रखो—धीरज, साहस, पवित्रता और अनवरत कर्म। जब तक तुम पवित्र होकर अपने उद्‌देश्य पर डटे रहोगे, तब तक तुम कभी निष्फल नहीं होओगे—माँ तुम्हें कभी न छोड़ेगी और पूर्ण आशीर्वाद के तुम पात्र हो जाओगे।***

- हमारी नैतिक प्रकृति जितनी उन्नत होती है, उतना ही उच्च हमारा प्रत्यक्ष अनुभव होता है, और उतनी ही हमारी इच्छाशक्ति अधिक बलवती होती है।
- हर काम को तीन अवस्थाओं में से गुजरना होता है—उपहास, विरोध और स्वीकृति। जो मनुष्य अपने समय से आगे विचार करता है, लोग उसे निश्चय ही गलत समझते हैं। इसलिए विरोध और अत्याचार हम सहर्ष स्वीकार करते हैं; परंतु मुझे दृढ़ और पवित्र होना चाहिए और परमेश्वर में अपरिमित विश्वास रखना चाहिए, तब ये सब लुप्त हो जाएँगे।

- हे सखे, तुम क्यों रो रहे हो ? सब शक्ति तो तुम्हीं में हैं। हे भगवन्, अपने ऐश्वर्यमय स्वरूप को विकसित करो। ये तीनों लोक तुम्हारे पैरों के नीचे हैं। जड़ की कोई शक्ति नहीं, प्रबल शक्ति आत्मा की है। हे विद्वान्! डरो मत; तुम्हारा नाश नहीं है, संसार-सागर से पार उतरने का उपाय है। जिस पथ के अवलंबन से यती लोग संसार-सागर के पार उतरे हैं, वही श्रेष्ठ पथ मैं तुम्हें दिखाता हूँ!

□

## 16

# स्वामी विवेकानंद : जीवन और संदेश

स्वामी विवेकानंद का जन्म 12 जनवरी, 1883 को हुआ। उनका घर का नाम नरेंद्र था। उनके पिताश्री विश्वनाथ दत्त पाश्चात्य सभ्यता में विश्वास रखते थे। वे अपने पुत्र नरेंद्र को भी अंग्रेजी पढ़ाकर पाश्चात्य सभ्यता के ढर्रे पर चलाना चाहते थे। नरेंद्र की बुद्धि बचपन से बड़ी तीव्र थी और परमात्मा को पाने की लालसा भी प्रबल थी। इस हेतु वे पहले 'ब्रह्म समाज' में गए, किंतु वहाँ उनके चित्त को संतोष नहीं हुआ। वे वेदांत और योग को पश्चिम संस्कृति में प्रचलित करने के लिए महत्त्वपूर्ण योगदान देना चाहते थे।

दैवयोग से विश्वनाथ दत्त की मृत्यु हो गई। घर का भार नरेंद्र पर आ पड़ा। घर की दशा बहुत खराब थी। अत्यंत दरिद्रता में भी नरेंद्र बड़े अतिथि-सेवी थे। स्वयं भूखे रहकर अतिथि को भोजन कराते, स्वयं बाहर वर्षा में रात भर भीगते-ठिठुरते पड़े रहते और अतिथि को अपने बिस्तर पर सुला देते।

स्वामी विवेकानंद अपना जीवन अपने गुरुदेव स्वामी रामकृष्ण परमहंस को समर्पित कर चुके थे। गुरुदेव के शरीर-त्याग के दिनों में अपने घर और कुटुंब की नाजुक हालत की चिंता किए बिना, स्वयं के भोजन की चिंता किए बिना वे गुरु-सेवा में सतत संलग्न रहे। गुरुदेव का शरीर अत्यंत रुग्ण हो गया था।

एक बार किसी ने गुरुदेव की सेवा में घृणा और निष्क्रियता दिखाई तथा घृणा से नाक-भौं सिकोड़ीं। यह देखकर विवेकानंद को क्रोध आ गया। उस गुरु भाई को पाठ पढ़ाते और गुरुदेव की प्रत्येक वस्तु के प्रति प्रेम दरशाते हुए उनके

बिस्तर के पास रक्त, कफ आदि से भरी थूकदानी उठाकर फेंकते थे। गुरु के प्रति ऐसी अनन्य भक्ति और निष्ठा के प्रताप से ही वे अपने गुरु के शरीर और उनके दिव्यतम आदर्शों की उत्तम सेवा कर सके। गुरुदेव को वे समझ सके, स्वयं के अस्तित्व को गुरुदेव के स्वरूप में विलीन कर सके। समग्र विश्व में भारत के अमूल्य आध्यात्मिक भंडार की महक फैला सके। उनके इस महान् व्यक्तित्व की नींव में थी, ऐसी गुरुभक्ति, गुरुसेवा और गुरु के प्रति अनन्य निष्ठा!

25 वर्ष की अवस्था में नरेंद्र ने गेरुआ वस्त्र धारण कर लिये। तत्पश्चात् उन्होंने पैदल ही पूरे भारतवर्ष की यात्रा की। सन् 1883 में शिकागो (अमेरिका) में विश्व धर्म-परिषद् हो रही थी। स्वामी विवेकानंदजी उसमें भारत के प्रतिनिधि के रूप में पहुँचे। यूरोप-अमेरिका के लोग। उस समय पराधीन भारतवासियों को बहुत हीन दृष्टि से देखते थे। वहाँ लोगों ने बहुत प्रयत्न किया कि स्वामी विवेकानंद को सर्वधर्म परिषद् में बोलने का समय ही न मिले। एक अमेरिकन प्रोफेसर के प्रयास से उन्हें थोड़ा समय मिला, किंतु उनके विचार सुनकर सभी विद्वान् चकित हो गए। फिर तो अमेरिका में उनका अत्यधिक स्वागत हुआ। वहाँ इनके भक्तों का एक बड़ा समुदाय हो गया। तीन वर्ष तक वे अमेरिका में रहे और वहाँ के लोगों को भारतीय तत्त्वज्ञान की अद्भुत ज्योति प्रदान करते रहे। उनकी वक्तृत्व शैली तथा ज्ञान को देखते हुए वहाँ के मीडिया ने उन्हें 'साइक्लॉनिक हिंदू' नाम दिया। "अध्यात्म-विद्या और भारतीय दर्शन के बिना विश्व अनाथ हो जाएगा" यह स्वामी विवेकानंदजी का दृढ़ विश्वास था। अमेरिका में उन्होंने रामकृष्ण मिशन की अनेक शाखाएँ स्थापित कीं। अनेक अमेरिकन विद्धानों ने उनका शिष्यत्व ग्रहण किया। वे सदा अपने को गरीबों का सेवक कहते थे। भारत

*25 वर्ष की अवस्था में नरेंद्र ने गेरुआ वस्त्र धारण कर लिये। तत्पश्चात् उन्होंने पैदल ही पूरे भारतवर्ष की यात्रा की। सन् 1883 में शिकागो ( अमेरिका ) में विश्व धर्म-परिषद् हो रही थी। स्वामी विवेकानंदजी उसमें भारत के प्रतिनिधि के रूप में पहुँचे। यूरोप-अमेरिका के लोग उस समय पराधीन भारतवासियों को बहुत हीन दृष्टि से देखते थे।*

के गौरव को देश-देशांतरों में उज्ज्वल करने का उन्होंने सदा प्रयत्न किया। जब भी वे लोगों के बीच जाते, लोग बहुत खुश होते।

## शिक्षा

1879 में 16 वर्ष की आयु में उन्होंने कलकत्ता से प्रवेश परीक्षा पास की। अपने शिक्षा काल में वे सर्वाधिक लोकप्रिय और एक जिज्ञासु छात्र थे। किंतु हर्बर्ट स्पेंसर के नास्तिकवाद का उन पर पूरा प्रभाव था। उन्होंने स्नातक उपाधि प्राप्त की और ब्रह्म समाज में शामिल हुए, जो हिंदू धर्म में सुधार लाने तथा उसे आधुनिक बनाने का प्रयास कर रहा था।

## रामकृष्ण से भेंट

युवावस्था में उन्हें पाश्चात्य दार्शनिकों के निरीश्वर भौतिकवाद तथा ईश्वर के अस्तित्व में दृढ़ भारतीय विश्वास के कारण गहरे द्वंद्व से गुजरना पड़ा। परमहंस जी जैसे जौहरी ने रत्न को परखा। उन दिव्य महापुरुष के स्पर्श ने नरेंद्र को बदल दिया। इसी समय उनकी भेंट अपने गुरु रामकृष्ण से हुई, जिन्होंने पहले उन्हें विश्वास दिलाया कि ईश्वर वास्तव में है और मनुष्य ईश्वर को पा सकता है। रामकृष्ण ने सर्वव्यापी परमसत्य के रूप में ईश्वर की सर्वोच्च अनुभूति पाने में नरेंद्र का मार्गदर्शन किया और उन्हें शिक्षा दी कि सेवा कभी दान नहीं, बल्कि सारी मानवता में निहित ईश्वर की सचेतन आराधना होनी चाहिए। यह उपदेश विवेकानंद के जीवन का प्रमुख दर्शन बन गया। कहा जाता है कि उस शक्तिपात के कारण कुछ दिनों तक नरेंद्र उन्मत्त-से रहे। उन्हें गुरु ने आत्मदर्शन करा दिया था। पचीस वर्ष की अवस्था में नरेंद्रदत्त ने काषायवस्त्र धारण किए। अपने गुरु से प्रेरित होकर नरेंद्रनाथ ने संन्यासी जीवन बिताने की

*परमहंस जी जैसे जौहरी ने रत्न को परखा। उन दिव्य महापुरुष के स्पर्श ने नरेंद्र को बदल दिया। इसी समय उनकी भेंट अपने गुरु रामकृष्ण से हुई, जिन्होंने पहले उन्हें विश्वास दिलाया कि ईश्वर वास्तव में है और मनुष्य ईश्वर को पा सकता है।*

दीक्षा ली और स्वामी विवेकानंद के रूप में जाने गए। जीवन के आलोक को जगत् के अंधकार में भटकते प्राणियों के समक्ष उन्हें उपस्थित करना था। स्वामी विवेकानंद ने पैदल ही पूरे भारत की यात्रा की।

## देश का पुनर्निर्माण

रामकृष्ण की मृत्यु के बाद उन्होंने स्वयं को हिमालय में चिंतनरूपी आनंद सागर में डुबाने की चेष्टा की, लेकिन जल्दी ही वे इसे त्यागकर भारत की कारुणिक निर्धनता से साक्षात्कार करने और देश के पुनर्निर्माण के लिए समूचे भारत में भ्रमण पर निकल पड़े। इस दौरान उन्हें कई दिनों तक भूखे भी रहना पड़ा। इन छह वर्षों के भ्रमण काल में वे राजाओं और दलितों, दोनों के अतिथि रहे। उनकी यह महान् यात्रा कन्याकुमारी में समाप्त हुई, जहाँ ध्यानमग्न विवेकानंद को यह ज्ञान प्राप्त हुआ कि राष्ट्रीय पुनर्निर्माण की ओर रुझानवाले नए भारतीय वैरागियों और सभी आत्माओं, विशेषकर जनसाधारण की सुप्त दिव्यता के जागरण से ही इस मृतप्राय देश में प्राणों का संचार किया जा सकता है।

*रामकृष्ण की मृत्यु के बाद उन्होंने स्वयं को हिमालय में चिंतनरूपी आनंद सागर में डुबाने की चेष्टा की, लेकिन जल्दी ही वे इसे त्यागकर भारत की कारुणिक निर्धनता से साक्षात्कार करने और देश के पुनर्निर्माण के लिए समूचे भारत में भ्रमण पर निकल पड़े। इस दौरान उन्हें कई दिनों तक भूखे भी रहना पड़ा।*

भारत के पुनर्निर्माण के प्रति उनके लगाव ने ही उन्हें अंततः 1893 में शिकागो धर्म-संसद् में जाने के लिए प्रेरित किया।

धर्म एवं तत्त्वज्ञान के समान भारतीय स्वतंत्रता की प्रेरणा का भी उन्होंने नेतृत्व किया। स्वामी विवेकानंद कहा करते थे—"मैं कोई तत्त्ववेत्ता नहीं हूँ। न तो संत या दार्शनिक ही हूँ। मैं तो गरीब हूँ और गरीबों का अनन्य भक्त हूँ। मैं तो सच्चा महात्मा उसे ही कहूँगा, जिसका हृदय गरीबों के लिए तड़पता हो।"

पाँच वर्षों से अधिक समय तक उन्होंने अमेरिका के विभिन्न नगरों, लंदन और पेरिस में व्यापक व्याख्यान दिए। उन्होंने जर्मनी, रूस और पूर्वी यूरोप की

भी यात्राएँ कीं। हर जगह उन्होंने वेदांत के संदेश का प्रचार किया। कुछ अवसरों पर वह चरम अवस्था में पहुँच जाते थे, यहाँ तक कि पश्चिम के भीड़ भरे सभागारों में भी। यहाँ उन्होंने समर्पित शिष्यों का समूह बनाया और उनमें से कुछ को अमेरिका के 'थाउजेंड आइलैंड पार्क' में आध्यात्मिक जीवन में प्रशिक्षित किया। उनके कुछ शिष्यों ने उनका भारत तक अनुसरण किया। स्वामी विवेकानंद ने विश्व भ्रमण के साथ उत्तराखंड के अनेक क्षेत्रों में भी भ्रमण किया, जिनमें अलमोड़ा तथा चंपावत में उनकी विश्राम स्थली को धरोहर के रूप में सुरक्षित किया गया है।

## वेदांत धर्म

विवेकानंद द्वारा दिए गए वेदांत के मानवतावादी, गतिशील तथा प्रायोगिक संदेश ने हजारों लोगों को प्रभावित किया। स्वामी विवेकानंद ने सदियों के आलस्य को त्यागने के लिए भारतीयों को प्रेरित किया और उन्हें विश्व नेता के रूप में नए आत्मविश्वास के साथ उठ खड़े होने तथा दलितों व महिलाओं को शिक्षित करने तथा उनके उत्थान के माध्यम से देश को ऊपर उठाने का संदेश दिया। स्वामी विवेकानंद ने घोषणा की कि सभी कार्यों और सेवाओं को मानव में पूर्णतः व्याप्त ईश्वर की परम आराधना बनाकर वेदांत धर्म को व्यावहारिक बनाया जाना जरूरी है। वे चाहते थे कि भारत पश्चिमी देशों में भी आध्यात्मिकता का प्रसार करे।

***स्वामी विवेकानंद ने सदियों के आलस्य को त्यागने के लिए भारतीयों को प्रेरित किया और उन्हें विश्व नेता के रूप में नए आत्मविश्वास के साथ उठ खड़े होने तथा दलितों व महिलाओं को शिक्षित करने तथा उनके उत्थान के माध्यम से देश को ऊपर उठाने का संदेश दिया।***

स्वामी विवेकानंद ने घोषणा की कि सिर्फ अद्वैत वेदांत के आधार पर ही विज्ञान और धर्म साथ-साथ चल सकते हैं, क्योंकि इसके मूल में अवैयक्तिक ईश्वर की आधारभूत धारणा, सीमा के अंदर निहित अनंत और ब्रह्मांड में उपस्थित सभी वस्तुओं के पारस्परिक मौलिक संबंध की दृष्टि है। उन्होंने सभ्यता को मनुष्य में

दिव्यता के प्रतिरूप के तौर पर परिभाषित किया और यह भविष्यवाणी भी की कि एक दिन पश्चिम जीवन की अनिवार्य दिव्यता के वेदांतिक सिद्धांत की ओर आकर्षित होगी।

विवेकानंद के संदेश ने पश्चिम के विशिष्ट बौद्धिकों, जैसे विलियम जेम्स, निकोलस टेसला, अभिनेत्री सारा बर्नहार्ड और मादाम एम्मा काल्व, एंग्लिकन चर्च, लंदन के धार्मिक चिंतक रेवरेंड कैनन विल्वरफोर्स, और रेवरेंड होवीस तथा सर पैट्रिक गेडेस, हाइसिंथ लॉयसन, सर हाइरैम नैक्सिम, नेल्सन रॉकफेलर, लिओ टॉल्स्टॉय व रोम्याँ रोलाँ को भी प्रभावित किया। अंग्रेज भारतविद् ए.एल. बाशम ने विवेकानंद को इतिहास का पहला व्यक्ति बताया, जिन्होंने पूर्व की आध्यात्मिक संस्कृति के मित्रतापूर्ण प्रत्युत्तर का आरंभ किया और उन्हें आधुनिक विश्व को आकार देनेवाला घोषित किया।

विवेकानंद 'सार्वभौमिकता' के मसीहा के रूप में उभरे। स्वामी विवेकानंद पहले अंतरराष्ट्रवादी थे, जिन्होंने 'लीग ऑफ नेशंस' के जन्म से भी पहले वर्ष 1897 में अंतरराष्ट्रीय संगठनों, गठबंधनों और कानूनों का आह्वान किया, जिससे राष्ट्रों के बीच समन्वय स्थापित किया जा सके।

*विवेकानंद 'सार्वभौमिकता' के मसीहा के रूप में उभरे। स्वामी विवेकानंद पहले अंतरराष्ट्रवादी थे, जिन्होंने 'लीग ऑफ नेशंस' के जन्म से भी पहले वर्ष 1897 में अंतरराष्ट्रीय संगठनों, गठबंधनों और कानूनों का आह्वान किया, जिससे राष्ट्रों के बीच समन्वय स्थापित किया जा सके।*

स्वामी विवेकानंद ने पश्चिम को पूरब के दर्शन से परिचित कराया। शिकागो में हुए धर्मों के विश्व संसद् से उन्हें दुनिया भर में ख्याति मिली। इस धर्म-संसद् में विवेकानंद ने सहिष्णुता के पक्ष में और धार्मिक हठधर्मिता को खत्म करने का आह्वान किया। अजीब इत्तफाक था कि वह तारीख 11 सितंबर की थी। 'मेरे अमेरिकी बहनो और भाइयो' कहकर उन्होंने अपनी बात शुरू की थी। प्रवाहपूर्ण अंग्रेजी में असरदार आवाज के साथ भाषण दे रहे उस संन्यासी ने गेरुए रंग का चोगा पहन रखा था। पगड़ी पहने हुए स्वामी की एक झलक देखने के लिए वहाँ मौजूद लोग बहुत उत्साह से खड़े हो गए थे। इस भाषण से स्वामी विवेकानंद की

लोकप्रियता बढ़ गई और उनके व्याख्यानों में भीड़ उमड़ने लगी। ईश्वर के बारे में यहूदीवाद और ईसाइयत के विचारों के आदी हो चुके लोगों के लिए योग और ध्यान का विचार नया और रोमांचक था।

## रामकृष्ण मठ की स्थापना

विवेकानंद ने 1 मई, 1897 को कलकत्ता में रामकृष्ण मिशन और 9 दिसंबर, 1898 को कलकत्ता के निकट गंगा नदी के किनारे बेलूर में रामकृष्ण मठ की स्थापना की। उनके अंग्रेज अनुयायी कैप्टन सर्वियर और उनकी पत्नी ने हिमालय में 1899 में 'मायावती अद्वैत आश्रम' खोला। इसे सार्वभौमिक चेतना के अद्वैत दृष्टिकोण के एक अद्वितीय संस्थान के रूप में शुरू किया गया और विवेकानंद की इच्छानुसार, इसे उनके पूर्वी और पश्चिमी अनुयायियों का सम्मिलन केंद्र बनाया गया। विवेकानंद ने बेलूर में एक दृश्य प्रतीक के रूप में सभी प्रमुख धर्मों के वास्तुशास्त्र के समन्वय पर आधारित रामकृष्ण मंदिर के भावी आकार की रूपरेखा भी बनाई, जिसे 1937 में उनके साथी शिष्यों ने पूरा किया।

***विवेकानंद ने 1 मई, 1897 को कलकत्ता में रामकृष्ण मिशन और 9 दिसंबर, 1898 को कलकत्ता के निकट गंगा नदी के किनारे बेलूर में रामकृष्ण मठ की स्थापना की। उनके अंग्रेज अनुयायी कैप्टन सर्वियर और उनकी पत्नी ने हिमालय में 1899 में 'मायावती अद्वैत आश्रम' खोला।***

## ग्रंथों की रचना

'योग', 'राजयोग' तथा 'ज्ञानयोग' जैसे ग्रंथों की रचना करके विवेकानंद ने युवा जगत् को एक नई राह दिखाई, जिसका प्रभाव जनमानस पर युगों-युगों तक छाया रहेगा। उनके ओजस्वी और सारगर्भित व्याख्यानों की प्रसिद्धि विश्व भर में है। जीवन के अंतिम दिन उन्होंने शुक्ल यजुर्वेद की व्याख्या की और कहा, "एक और विवेकानंद चाहिए, यह समझने के लिए कि इस विवेकानंद ने अब तक क्या किया है।"

## महापरिनिर्वाण

प्रत्यदर्शियों के अनुसार जीवन के अंतिम दिन भी उन्होंने अपने 'ध्यान' करने की दिनचर्या को नहीं बदला और प्रातः दो-तीन घंटे ध्यान किया। उन्हें दमा और शर्करा के अतिरिक्त अन्य शारीरिक व्याधियों ने घेर रखा था। अपने जीवन के आखिरी दिन उन्होंने बेलूर स्थित रामकृष्ण मठ में बिताए। लगातार यात्राओं से उनका स्वास्थ्य बिगड़ गया और वे शारीरिक रूप से दिन-पर-दिन कमजोर होते गए। बताया जाता है कि उन्होंने अपने निर्वाण से पहले यह कह दिया था कि वे 40 वर्ष की उम्र तक जिंदा नहीं रह पाएँगे। उनकी भविष्यवाणी सच साबित हुई।

4 जुलाई, 1902 को 39 साल की अवस्था में बेलूर मठ में यह युवा संन्यासी और दार्शनिक ब्रह्मलीन हो गया, लेकिन उनके विचारों का खजाना अब भी बहुत से लोगों को प्रेरित करता है। स्वामी विवेकानंद पंचतत्त्व में विलीन हो गए, पर अपने पीछे वे असंख्य युवाओं के सीने में आग जला गए, जो इनकलाब एवं कर्मण्यता को निरंतर प्रोत्साहित करती रहेगी। युवाओं को गीता के श्लोक के बदले मैदान में जाकर फुटबॉल खेलने की नसीहत देनेवाले स्वामी विवेकानंद सार्वकालिक प्रासंगिक रहेंगे। उनके ओजस्वी और सारगर्भित व्याख्यानों की प्रसिद्धि विश्वभर में है।

बेलूर में रामकृष्ण मठ में उन्होंने ध्यानमग्न अवस्था में महासमाधि धारण कर प्राण त्याग दिए। उनके शिष्यों और अनुयायियों ने उनकी स्मृति में वहाँ एक मंदिर बनवाया और समूचे विश्व में विवेकानंद तथा उनके गुरु रामकृष्ण के संदेशों के प्रचार के लिए 130 से अधिक केंद्रों की स्थापना की।

□

# 17
# विवेकानंद : महत्त्वपूर्ण तिथियाँ

12 जनवरी, 1863 : कलकत्ता में जन्म

1879 : प्रेसीडेंसी कॉलेज में प्रवेश

1880 : जनरल असेंबली इंस्टीट्यूशन में प्रवेश

नवंबर 1881 : रामकृष्ण परमहंस से प्रथम भेंट

1882-86 : रामकृष्ण परमहंस से संबद्धता

1884 : स्नातक परीक्षा उत्तीर्ण; पिता का स्वर्गवास

1885 : रामकृष्ण परमहंस की अंतिम बीमारी

16 अगस्त, 1886 : रामकृष्ण परमहंस का निधन

1886 : वराहनगर मठ की स्थापना

जनवरी 1887 : वराहनगर मठ में संन्यास की औपचारिक प्रतिज्ञा

1890-93 : परिव्राजक के रूप में भारत-भ्रमण

25 दिसंबर, 1892 : कन्याकुमारी में

13 फरवरी, 1893 : प्रथम सार्वजनिक व्याख्यान सिकंदराबाद में

31 मई, 1893 : बंबई से अमरीका रवाना

25 जुलाई, 1893 : बैंकूवर, कनाडा पहुँचे

30 जुलाई, 1893 : शिकागो आगमन

अगस्त 1893 : हार्वर्ड विश्वविद्यालय के प्रो. जॉन राइट से भेंट

11 सितंबर, 1893 : विश्व धर्म सम्मेलन, शिकागो में प्रथम व्याख्यान

27 सितंबर, 1893 : विश्व धर्म सम्मेलन, शिकागो में अंतिम व्याख्यान

16 मई, 1894 : हार्वर्ड विश्वविद्यालय में संभाषण

नवंबर 1894 : न्यूयॉर्क में वेदांत समिति की स्थापना

जनवरी 1895 : न्यूयॉर्क में धार्मिक कक्षाओं का संचालन आरंभ

अगस्त 1895 : पेरिस में

अक्तूबर 1895 : लंदन में व्याख्यान

6 दिसंबर, 1895 : वापस न्यूयॉर्क

22–25 मार्च, 1896 : फिर लंदन

मई–जुलाई 1896 : हार्वर्ड विश्वविद्यालय में व्याख्यान

15 अप्रैल, 1896 : वापस लंदन

मई–जुलाई 1896 : लंदन में धार्मिक कक्षाएँ

28 मई, 1896 : ऑक्सफोर्ड में मैक्समूलर से भेंट

30 दिसंबर, 1896 : नेपल्स से भारत की ओर रवाना

15 जनवरी, 1897 : कोलंबो, श्रीलंका आगमन

जनवरी, 1897 : रामनाथपुरम् (रामेश्वरम) में जोरदार स्वागत एवं भाषण

6–15 फरवरी, 1897 : मद्रास में

19 फरवरी, 1897 : कलकत्ता आगमन

1 मई, 1897 : रामकृष्ण मिशन की स्थापना

मई–दिसंबर 1897 : उत्तर भारत की यात्रा

जनवरी 1898 : कलकत्ता वापसी

19 मार्च, 1899 : मायावती, उत्तराखंड में अद्वैत आश्रम की स्थापना

20 जून, 1899 : पश्चिमी देशों की दूसरी यात्रा

31 जुलाई, 1899 : न्यूयॉर्क आगमन

22 फरवरी, 1900 : सैन फ्रांसिस्को में वेदांत समिति की स्थापना

जून 1900 : न्यूयॉर्क में अंतिम कक्षा

26 जुलाई, 1900 : यूरोप रवाना

24 अक्तूबर, 1900 : वियना, हंगरी, कुस्तुनतुनिया, ग्रीस, मिस्र आदि देशों की यात्रा

26 नवंबर, 1900 : भारत रवाना

9 दिसंबर, 1900 : बेलूर मठ आगमन

10 जनवरी, 1901 : मायावती की यात्रा

मार्च–मई 1901 : पूर्वी बंगाल और असम की तीर्थयात्रा

जनवरी–फरवरी 1902 : बोधगया और वाराणसी की यात्रा

मार्च 1902 : बेलूर मठ में वापसी

4 जुलाई, 1902 : महासमाधि

□□□